The Big Guitar Chord Songbook

The Eighties

Exclusive distributors:
Music Sales Limited
8/9 Frith Street, London W1B 3JB, England.
Music Sales Pty Limited
120 Rothschild Avenue, Rosebery, NSW 2018,
Australia.

Order No. AM970376
ISBN 0-7119-8846-3
This book © Copyright 2002 by Wise Publications.

Music arrangements by Rikky Rooksby.
Music processed by The Pitts.

Printed in the United Kingdom by
Caligraving Limited, Thetford, Norfolk.

www.musicsales.com

Your Guarantee of Quality:
As publishers, we strive to produce every book
to the highest commercial standards.
The music has been freshly engraved and the book
has been carefully designed to minimise awkward
page turns and to make playing from it a real
pleasure.
Particular care has been given to specifying acid-free,
neutral-sized paper made from pulps which have not
been elemental chlorine bleached. This pulp is from
farmed sustainable forests and was produced with
special regard for the environment.
Throughout, the printing and binding have been
planned to ensure a sturdy, attractive publication
which should give years of enjoyment. If your copy
fails to meet our high standards, please inform us
and we will gladly replace it.

This publication is not authorised for sale in the
United States of America and/or Canada.

London/New York/Paris/Sydney/Copenhagen/Madrid/Tokyo

Relative Tuning

The guitar can be tuned with the aid of pitch pipes or dedicated electronic guitar tuners which are available through your local music dealer. If you do not have a tuning device, you can use relative tuning. Estimate the pitch of the 6th string as near as possible to E or at least a comfortable pitch (not too high, as you might break other strings in tuning up). Then, while checking the various positions on the diagram, place a finger from your left hand on the:

5th fret of the E or 6th string and **tune the open A** (or 5th string) to the note Ⓐ

5th fret of the A or 5th string and **tune the open D** (or 4th string) to the note Ⓓ

5th fret of the D or 4th string and **tune the open G** (or 3rd string) to the note Ⓖ

4th fret of the G or 3rd string and **tune the open B** (or 2nd string) to the note Ⓑ

5th fret of the B or 2nd string and **tune the open E** (or 1st string) to the note Ⓔ

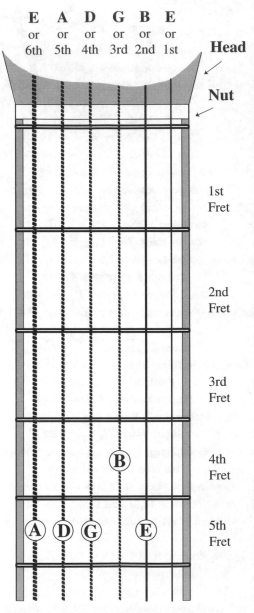

Reading Chord Boxes

Chord boxes are diagrams of the guitar neck viewed head upwards, face on as illustrated. The top horizontal line is the nut, unless a higher fret number is indicated, the others are the frets.

The vertical lines are the strings, starting from E (or 6th) on the left to E (or 1st) on the right.

The black dots indicate where to place your fingers.

Strings marked with an O are played open, not fretted. Strings marked with an X should not be played.

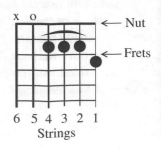

The curved bracket indicates a 'barre' – hold down the strings under the bracket with your first finger, using your other fingers to fret the remaining notes.

Antmusic

Words & Music by
Adam Ant & Marco Pirroni

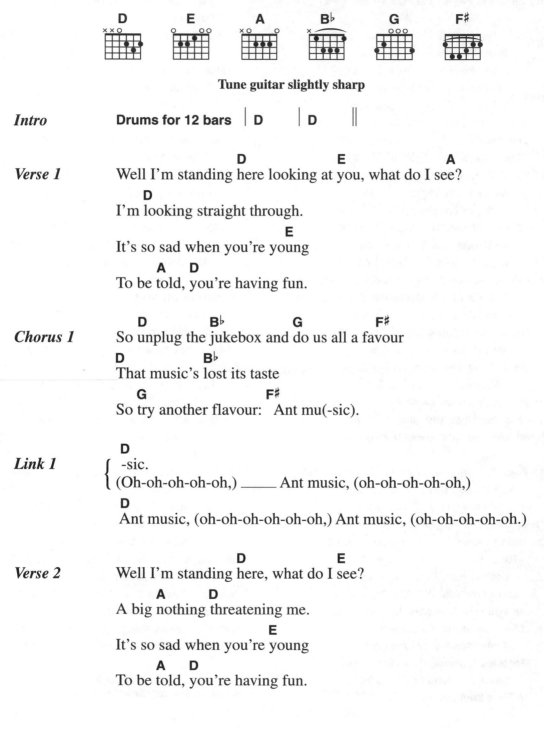

Tune guitar slightly sharp

Intro **Drums for 12 bars** | D | D ||

Verse 1
             D   **E**   **A**
Well I'm standing here looking at you, what do I see?
    D
I'm looking straight through.
                    E
It's so sad when you're young
       A   **D**
To be told, you're having fun.

Chorus 1
    D   **B♭**   **G**   **F#**
So unplug the jukebox and do us all a favour
  D   **B♭**
That music's lost its taste
     G   **F#**
So try another flavour: Ant mu(-sic).

Link 1
    D
{ -sic.
  (Oh-oh-oh-oh-oh,) _____ Ant music, (oh-oh-oh-oh-oh,)
    D
  Ant music, (oh-oh-oh-oh-oh-oh,) Ant music, (oh-oh-oh-oh-oh.)

Verse 2
              D   **E**
Well I'm standing here, what do I see?
    A   **D**
A big nothing threatening me.
                   E
It's so sad when you're young
       A   **D**
To be told, you're having fun.

Chorus 2	As Chorus 1
Link 2	As Link 1
Guitar solo	‖: D | E | A | D :‖
Chorus 3	As Chorus 1
Link 3	As Link 1

Verse 3

    D   **N.C.**
Don't tread on an ant, he's done nothing to you;

There might come a day when he's treading on you.

Don't tread on an ant you'll end up black and blue;

You cut off his head, legs come looking for you.

Chorus 4	As Chorus 1
Link 4	As Link 1
Chorus 5	As Chorus 1
Coda	‖: **D** (Oh,) ____ Ant music. :‖ *Repeat to fade*

Babooshka

Words & Music by
Kate Bush

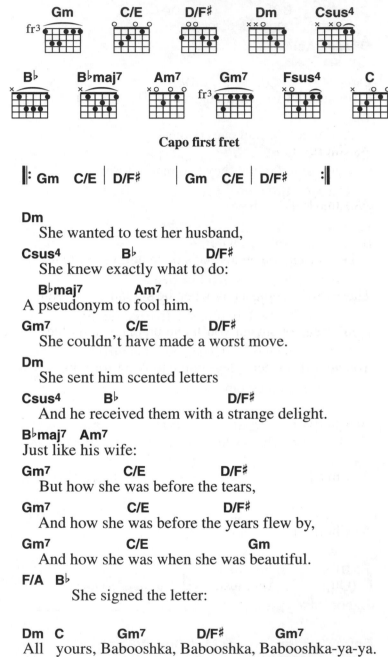

Gm   C/E   D/F#   Dm   Csus4

B♭   B♭maj7   Am7   Gm7   Fsus4   C

Capo first fret

Intro   ‖: Gm C/E | D/F# | Gm C/E | D/F# :‖

Verse 1

Dm
   She wanted to test her husband,

Csus4   B♭   D/F#
   She knew exactly what to do:

  B♭maj7   Am7
A pseudonym to fool him,

Gm7   C/E   D/F#
   She couldn't have made a worst move.

Dm
   She sent him scented letters

Csus4   B♭   D/F#
   And he received them with a strange delight.

B♭maj7 Am7
Just like his wife:

Gm7   C/E   D/F#
   But how she was before the tears,

Gm7   C/E   D/F#
   And how she was before the years flew by,

Gm7   C/E   Gm
   And how she was when she was beautiful.

F/A B♭
      She signed the letter:

Chorus 1

Dm C   Gm7   D/F#   Gm7
All yours, Babooshka, Babooshka, Babooshka-ya-ya.

Dm C   Gm7   D/F#   Gm7   C/E D/F#
All yours, Babooshka, Babooshka, Babooshka-ya-ya.

Link | Gm C/E | D/F♯ ||

Verse 2

Dm
She wanted to take it further,

Csus4   **B♭**   **D/F♯**
So she arranged a place to go,

B♭maj7 Am7
To   see if he

Gm7   **C/E**   **D/F♯**
Would fall for her incognito.

Dm
And when he laid eyes on her,

Csus4   **B♭**   **D/F♯**
He got the feeling they had met before.

 B♭maj7 Am7
Uncanny   how she

Gm7   **C/E**   **D/F♯**
Reminds him of his little lady,

Gm7   **C/E**   **D/F♯**
Capacity to give him all he needs,

Gm7   **C/E**   **D/F♯**
Just like his wife before she freezed on him,

Gm7   **C/E**   **Gm**
Just like his wife when she was beautiful.

F/A B♭
He shouted out, "I'm…

Chorus 2

||: **Dm C**   **Gm7**   **D/F♯**   **Gm7**
All   yours, Babooshka, Babooshka, Babooshka-ya-ya. :||

Dm C   **Gm7**   **D/F♯**   **Gm7**   **Dm N.C.**
All   yours, Babooshka, Babooshka, Babooshka-ya-ya."

Chorus 3

     Gm7   **D/F♯**   **Gm7**   **Dm N.C.**
||: Babooshka, Babooshka, Babooshka-ya-ya. :||

   Gm7   **D/F♯**
Babooshka, Babooshka,

   Gm7   **Dm**   **C** | **Gm D/F♯** | **Gm** ||
Babooshka-ya-ya. _____

Coda

Dm C   **Gm**   **D/F♯** | **Gm C/E** |
     (Babooshka,)

D/F♯   **Gm C/E**
  (Babooshka,)

D/F♯   **Gm C/E**
  (Babooshka,)

D/F♯   **Gm C/E** | **D/F♯** ||
  (Babooshka.)

The Bitterest Pill
(I Ever Had To Swallow)

Words & Music by
Paul Weller

D   **C**   **Bm**   **A**

C♯m   **F♯m**   **E**   **Bm/A**   **G**

fr4

Intro

| D | C | Bm A | D |

D   C   Bm A D
Mmm, mmm, oh, oh oh. __

Verse 1

A   C♯m
   In your white lace and your wedding bells,
Bm   D   F♯m   E
   You look the picture of contented new wealth.
A   C♯m
   But from the onlooking fool who believed your lies,
F♯m   A
   I wish this grave would open up and swallow me alive.

Chorus 1

Bm   Bm/A   G   A
   The bitterest pill is hard to swallow,
Bm   A   G   A   Bm
   The love I gave hangs in sad coloured mocking shadows.
   C   Bm   A   D
Yeah, yeah.

Verse 2

A   C♯m
When the wheel of fortune broke you fell to me,
Bm   D   F♯m   E
   Out of grey skies to change my misery. __
A   C♯m
   The vacant spot, your beating heart took its place,
F♯m   A
Now I watch smoke leave my lips and fill an empty room.

8

Chorus 2

Bm   Bm/A   G   A
   The bitterest pill is mine to swallow,

Bm   A   G   A
   The love I gave hangs in sad coloured mocking shadows.

Middle

D   Bm   A
   The bitterest pill is mine to take,

D
   If I took it for a hundred years

   C   Bm   D
I couldn't feel any more ill,

A
Ooh, ooh.

D   Bm   A
   The bitterest pill is mine to take,

D
   If I took it for a hundred years

   C   Bm   D
I couldn't feel any more ill,

   C   Bm   A
Yeah. _____

Solo | D | D | C | Bm   A | D ||

Verse 3

A   C♯m
   Now autumn's breeze blows summer's leaves through my life,

Bm   D   F♯m   E
   Twisted and broken dawn, no days with sunlight.

A   C♯m
   That dying spark, you left your mark on me,

F♯m   (A)
   The promise of your kiss but with someone else.

Chorus 3

Bm   Bm/A   G   A
   The bitterest pill is mine to swallow,

Bm   A   G   A
   The love I gave hangs in sad coloured mocking shadows.

Outro

     D   **Bm**   **A**
     The bitterest pill is mine to take,

D
     If I took it for a hundred years

  C   **Bm**   **D A**
I couldn't feel any more ill.

D   **Bm**   **A**
     The bitterest pill is mine to take,

D
     If I took it for a hundred years

  C   **Bm**   **A**
I couldn't feel any more ill,

Yeah, ah, ah.

D   **Bm**   **A**
     The bitterest pill is mine to take,

D
     If I took it for a hundred years

  C   **Bm**   **D**
I couldn't feel any more ill,

A
Ooh, ooh.

D   **Bm**   **A**
     The bitterest pill is mine to take,

D
     If I took it for a hundred years

  C   **Bm**   **A**
I couldn't feel any more ill, ill,

Yeah, yeah.

‖: **D** | **Bm** | **D** | **C Bm** :‖ *Repeat to fade*

Borderline

Words & Music by
Reggie Lucas

Chord diagrams: A/C# F#7/A# (fr4) Bm7 A E/G# Em7 D/F# D/A
C G/B D B7/D# F#m7 Gmaj7 (fr3) G/A Asus4

Intro

| A/C# | F#7/A# | Bm7 A | E/G# | |
| Em7 | D/F# | D/A A | A || |

‖: D | C G/B | D | C G/B :‖ *Play 4 times*

Intro

D   C   G/B   D C
Something in the way you love me won't   let me be,

G/B   D
  I don't want to be your prisoner

     C   G/B   D C
So baby won't you set me free?

G/B   D
  Stop playing with my heart,

   C   G/B
Finish what you start

     D   C
When you make my love come down.

G/B   D
  If you want me let me know,

   C   G/B
Baby let it show,

   D
Honey don't you fool around.

Prechorus 1

Bm7 B7/D#   Em7
  Just try to understand,

     A/C#   F#m7
I've given all I can,

        Gmaj7   G/A A Asus4
'Cause you got the best of me.

Chorus 1

        A   A/C#   F#7/A#
Borderline,

               Bm7   A   E/G#
Feels like I'm going to lose my mind.

            Em7   D/F#   D/A A   D/A A
You just keep on pushing my love over the bor - derline.

     A/C#   F#7/A#
Borderline,

               Bm7   A   E/G#
Feels like I'm going to lose my mind.

            Em7   D/F#   D/A A   D/A A
You just keep on pushing my love over the bor - derline.

A/C#   F#7/A#
Keep on pushing me baby,

           Bm7   A   E/G#
Don't you know you drive me crazy?

            Em7   D/F#   D/A A   D/A A
You just keep on pushing my love over the bor - derline.

Instrumental ‖: D | C G/B | D | C G/B :‖

Verse 2

D   C   G/B   D C
Something in your eyes is makin' such a fool of me,

G/B   D
  When you hold me in your arms

        C   G/B   D C
You love me 'til I just can't see.

G/B   D
  But then you let me down,

   C   G/B
When I look around,

   D   C
Baby you just can't be found.

G/B   D
  Stop driving me away,

 C   G/B
I_ just wanna stay,

      D
There's something I just got to say:

Prechorus 2   As Prechorus 1

Chorus 2   As Chorus 1

Chorus 3   𝄆 A/C♯   F♯7/A♯   Bm7
                     Look what your love has done to me,
                             A   E/G♯
                 Come on baby set me free,
                          Em7   D/F♯   D/A A   D/A A
                 You just keep on pushing my love over the bor - derline.
                 A/C♯   F♯7/A♯
                     You cause me so much pain,
                                   Bm7
                 I think I m going insane,
                            A   E/G♯
                 What does it take to make you see?
                          Em7   D/F♯   D/A A   D/A A 𝄇
                 You just keep on pushing my love over the bor - derline.

                                                         Repeat to fade w/ad lib vocals

13

Boys Don't Cry

Words by Robert Smith
Music by Robert Smith, Laurence Tolhurst & Michael Dempsey

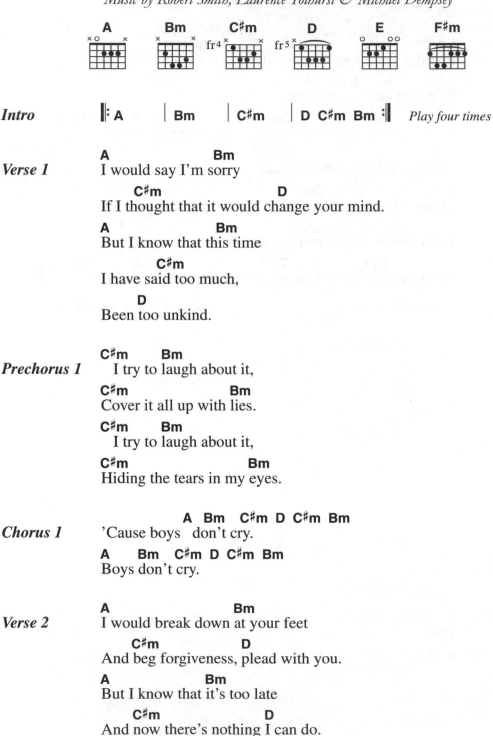

Intro   ‖: A | Bm | C#m | D C#m Bm :‖   *Play four times*

Verse 1

A   Bm
I would say I'm sorry
      C#m   D
If I thought that it would change your mind.
A   Bm
But I know that this time
      C#m
I have said too much,
      D
Been too unkind.

Prechorus 1

C#m   Bm
  I try to laugh about it,
C#m   Bm
Cover it all up with lies.
C#m   Bm
  I try to laugh about it,
C#m   Bm
Hiding the tears in my eyes.

Chorus 1

              A Bm   C#m D C#m Bm
'Cause boys   don't cry.
      A   Bm   C#m D C#m Bm
Boys don't cry.

Verse 2

A   Bm
I would break down at your feet
      C#m   D
And beg forgiveness, plead with you.
A   Bm
But I know that it's too late
      C#m   D
And now there's nothing I can do.

14

Prechorus 2   As Prechorus 1

Chorus 2   As Chorus 1

Verse 3
A   Bm
I would tell you that I loved you
C#m   D
If I thought that you would stay.

A   Bm
But I know that it's no use,
      C#m   D
That you've already gone away.

Middle
E   F#m
  Misjudged your limits,
E   F#m
  Pushed you too far.
E   F#m
  Took you for granted,
D   E
I thought that you needed me more, more, more.

Verse 4
      A   Bm
Now I would do most anything
    C#m   D
To get you back by my side.
A   Bm
But I just keep on laughing,
C#m   D
Hiding the tears in my eyes.

Chorus 3
      A Bm C#m D C#m Bm
'Cause boys don't cry.
A   Bm C#m D C#m Bm
Boys don't cry.
A Bm   C#m D C#m Bm
  Boys don't cry.

| A | Bm | C#m | D C#m Bm | A | ‖

Brass In Pocket

Words & Music by
Chrissie Hynde & James Honeyman-Scott

Aadd9 fr5   **Asus4/9** fr5   **A*** fr5   **F#m**   **F#m7/11**   **D6/9**   **E7sus4**

E6   **E**   **Esus4**   **A**   **D/A**   **Gmaj7**   **D**   **E11**

Intro | **A**add9   **A**sus4/9   **A**add9 ||

Verse 1
    A* Aadd9   **A**sus4/9 **A***
    Got brass   in pocket,
    A* Aadd9   **A**sus4/9 **A***
    Got bottle   I'm gonna use it.
    F#m F#m7/11   **F#m**
    Intention: I feel inventive,
    D6/9   **E7sus4**   **A* A**add9
Gonna make you, make you, make you notice. ____

Verse 2
                Asus4/9 **A***
Got motion,   restrained emotion.
    A* Aadd9   **A**sus4/9 **A***
    Been driving,   Detroit leaning.
    F#m F#m7/11   **F#m**   **D6/9**
    No reason,   just seems so pleasing.
               E7sus4   **E6 E**
Gonna make you, make you, make you notice. _____

Chorus 1
             Esus4   **E**
Gonna use my arms,
             E6   **E**
Gonna use my legs,
             Esus4   **E**
Gonna use my style,
             E6   **E**
Gonna use my sidestep,

                   Esus⁴   E

cont.   Gonna use my fingers,

                   E⁶   E   Esus⁴ E

      Gonna use my,   my, my imagination. _____

             A   D/A   A

      'Cause I gonna make you see

               D/A   Gmaj⁷

      There's nobody else here, no-one like me:

        D

      I'm special, so special.

              E¹¹

      I gotta have some of your attention, give it to me.

Verse 3   **A* Aadd⁹   Asus⁴/⁹ A***

          Got rhythm,   I can't miss a beat.

      A* Aadd⁹   Asus⁴/⁹ A*

          Got new skank,   so reet.

      F♯m F♯m⁷/¹¹   F♯m   D⁶/⁹

          Got something   I'm winking at you.

                    E⁷sus⁴   E⁶   E

      Gonna make you, make you, make you notice. _____

Chorus 2   As Chorus 1

Chorus 3   **A   D/A   A**

      'Cause I gonna make you see

               D/A   Gmaj⁷

      There's nobody else here, no-one like me:

        D

      I'm special, so special.

              E¹¹

      I gotta have some of your attention,

                   A*   Aadd⁹

      Give it to me. _____

      | **Asus⁴/⁹ A*** | **A*   Aadd⁹** | **Asus⁴/⁹ A*** |

      | **A*   Aadd⁹** | **Asus⁴/⁹ A*** ‖

Coda | **A*   Aadd⁹** | **Aadd⁹ Asus⁴/⁹ A***   ‖

Broken Land

Words & Music by
Pat Gribben

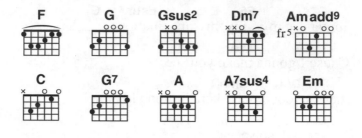

Intro | F | F | G | G | F | F | Gsus2 | Gsus2 |

‖: Dm7 | Amadd9 | G | G :‖

Verse 1

Dm7   Amadd9   G
These rivers run too deep

Dm7   Amadd9   G
With schemes of men for days that lay ahead.

Dm7   Amadd9   G
They sell their souls so cheap,

Dm7   Amadd9   G
They breed mistrust and fill my heart with dread.

F   C   G
When did the boy become a man

   G7   F
And lose his life to learn?

         C   G
So much confusion to this plan.

    A   A7sus4
These times are not changing.

Chorus 1

        G   Em   A
Show me the love to keep us together,

        G   Em   A
Open up your hearts, don't turn me away.

        G   Em   A
Comfort me through this stormy weather.

        G   Gsus2 A   A7sus4
From where I stand, I see a broken land.

| *Link* | | Dm⁷ | | Am add⁹ | | G | | G | || |

Verse 2

    Dm⁷   Am add⁹   G
    This boy has learned to fail.
    Dm⁷ Am add⁹   G
    In times like these to cry seems so absurd.
    Dm⁷   Am add⁹   G
    His own life's crisis   pales
    Dm⁷   Am add⁹   G
    In the shadow of this truly dying world.
    F   C   G
    These are the games we played at school,
     G⁷   F
    Our hands raised in despair
            C   G
    With no exception to the rule.
      A   A⁷sus⁴
    These times are not changing.

Chorus 2

            G   Em   A
    Show me the love to keep us together,
            G   Em   A
    Open up your hearts, don't turn me away.
            G   Em   A
    Comfort me through this stormy weather.
            G   Gsus² A   A⁷sus⁴
    From where I stand,   I see a broken land.

Chorus 3

            G   Em   A
    Where is the love to keep us together?
            G   Em   A
    Open up your hearts, don't turn me away.
            G   Em   A
    Comfort me through this stormy weather.
            G   Gsus² A   A⁷sus⁴
    From where I stand,   I see a broken land.

| *Coda* | ‖: G Em | A | G Em | A | G Em | |
| | | A | G | Gsus² | A | A⁷sus⁴ :‖ *Repeat to fade* |

19

Brothers In Arms

Words & Music by
Mark Knopfler

Em   C   Am   D   G   Gsus4   Bm   Dsus4

Capo fourth fret

Intro **Keyboards and effects**

| Em C | Am C | Em C | Am | Em | ‖

Verse 1

            (D)   C   D   G   Gsus4   G
These mist-covered mountains are home now for me
         Bm   Em   Bm   C   Dsus4
But my home is the lowlands and always will be.
         D   Em   Bm   C   Am   Dsus4
Some day you'll return to   your valleys and your farms
           D   Em   C   Dsus4   D
And you'll no longer burn to be brothers in arms.

Link

| Em C | Am C | Em C | Am | Em | ‖

Verse 2

               (D)   C   D   G   Gsus4   G
Through these fields of destruction, baptisms of fire,
        Bm   Em   Bm   C   Dsus4
I've witnessed your suffering   as the battle raged higher.
         D   Em   Bm   C   Am   Dsus4
And though they did hurt me so bad   in the fear and alarm,
         D   Em   C   Dsus4   D
You did not desert me, my brothers in arms.

Link

| Em C | Am C | Em C | Am | Em | ‖

Middle

    Em   **D**   **Em**
      There's so many different worlds,
D **G**   **C**   **Dsus⁴**
      So many different suns,
      D   **Em**
And we have just one world
D   **G**   **C**
      But we live in different ones.

Solo 1

| **Em** C | **Am** C | **Em** C | **Am** | |
| **Em** C | **Am** C D | **Em** C | **Am** | **Em** ||

Verse 3

       D   **C** **D**   **G**   **Gsus⁴** **G**
Now the sun's gone to hell, and the moon's riding high.
     Bm   **Em** **Bm**   **C** **Dsus⁴**
Let me bid you farewell,   every man has to die.
     D   **Em** **Bm**   **C**   **Am** **Dsus⁴**
But it's written in the star-light, in every line in your palm,
     D   **Em**   **C**   **Dsus⁴** **D**
We're fools to make war on our brothers in arms.

Solo 2

‖: **Em** C | **Am** C | **Em** C | **Am** | |
| **Em** C | **Am** C D | **Em** C | **Am** :‖ *Play 4 times then fade*

21

Christine

Words & Music by
Siouxsie Sioux & Steve Severin

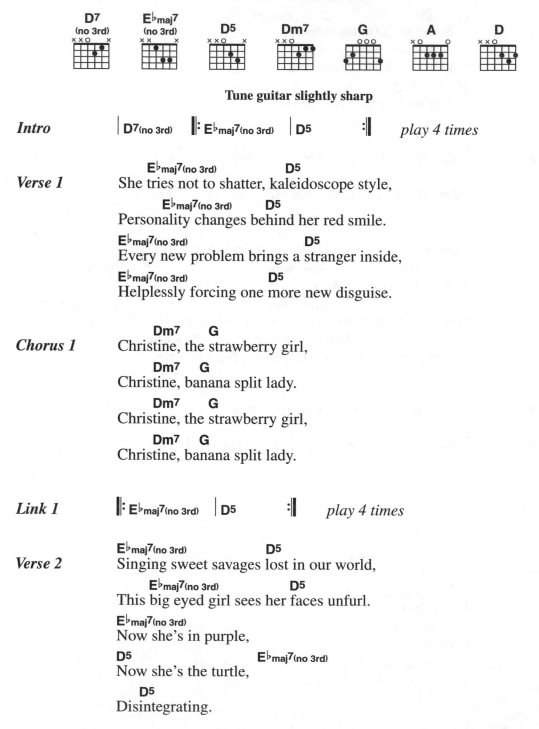

Tune guitar slightly sharp

Intro | D7(no 3rd) ‖: E♭maj7(no 3rd) | D5 :‖   *play 4 times*

Verse 1
      E♭maj7(no 3rd)   D5
She tries not to shatter, kaleidoscope style,
      E♭maj7(no 3rd)   D5
Personality changes behind her red smile.
E♭maj7(no 3rd)   D5
Every new problem brings a stranger inside,
E♭maj7(no 3rd)   D5
Helplessly forcing one more new disguise.

Chorus 1
      Dm7   G
Christine, the strawberry girl,
      Dm7   G
Christine, banana split lady.
      Dm7   G
Christine, the strawberry girl,
      Dm7   G
Christine, banana split lady.

Link 1   ‖: E♭maj7(no 3rd) | D5 :‖   *play 4 times*

Verse 2
E♭maj7(no 3rd)   D5
Singing sweet savages lost in our world,
      E♭maj7(no 3rd)   D5
This big eyed girl sees her faces unfurl.
E♭maj7(no 3rd)
Now she's in purple,
D5   E♭maj7(no 3rd)
Now she's the turtle,
     D5
Disintegrating.

Chorus 2

    Dm7   **G**
Christine, the strawberry girl,
    Dm7 **G**
Christine, banana split lady.
    Dm7 **G**
Christine, the strawberry girl,
    Dm7   **G**
Christine sees her faces unfurl.

Link 2   ‖: **A** |**D** |**A** |**D**   :‖

| **E♭maj7(no 3rd)** | **D5** |

E♭maj7(no 3rd)
Now she's in purple,
D5   **E♭maj7(no 3rd)**
Now she's a turtle,
   D5
Disintegrating.
   E♭maj7(no 3rd) **D5**   **E♭maj7(no 3rd)** **D5** | **E♭maj7(no 3rd)** | **D5** |
Christine,   Christine.

Chorus 3   As Chorus 2

Link 3   ‖: **E♭maj7(no 3rd)** | **D5**   :‖

Outro

    E♭maj7(no 3rd) **D5**   **E♭maj7(no 3rd)** **D5**
Christine,   Christine.
    E♭maj7(no 3rd) **D5**   **E♭maj7(no 3rd)** **D5**
Christine,   Christine.
    E♭maj7(no 3rd) **D5**   **E♭maj7(no 3rd)** **D5**
Twenty two faces
    E♭maj7(no 3rd) **D5**   **E♭maj7(no 3rd)** **D5**
Disintegrating
    E♭maj7(no 3rd) **D5**   **E♭maj7(no 3rd)** **D5**
Christine,   Christine.
    E♭maj7(no 3rd) **D5**   **E♭maj7(no 3rd)** **D5**
Disintegrating._____

‖: **E♭maj7(no 3rd)** | **D5**   :‖

| **E♭maj7(no 3rd)** ‖

Call Me

Words & Music by
Deborah Harry & Giorgio Moroder

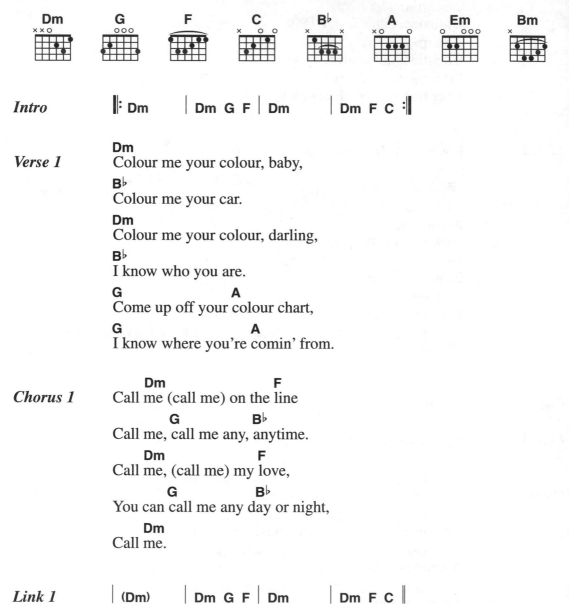

Intro   ‖: Dm | Dm G F | Dm | Dm F C :‖

Verse 1

Dm
Colour me your colour, baby,

B♭
Colour me your car.

Dm
Colour me your colour, darling,

B♭
I know who you are.

G   **A**
Come up off your colour chart,

G   **A**
I know where you're comin' from.

Chorus 1

      Dm   **F**
Call me (call me) on the line

      G   **B♭**
Call me, call me any, anytime.

      Dm   **F**
Call me, (call me) my love,

      G   **B♭**
You can call me any day or night,

      Dm
Call me.

Link 1 | (Dm) | Dm G F | Dm | Dm F C ‖

Verse 2

Dm
Cover me with kisses, baby,

B♭
Cover me with love.

Dm
Roll me in designer sheets,

   B♭
I'll never get enough.

   G   **A**
Emotions come, I don't know why,

G   **A**
Cover up love's alibi.

Chorus 2

      Dm   **F**
Call me (call me) on the line,

         G   **B♭**
Call me, call me any, anytime.

      Dm   **F**
Call me, (call me) oh, my love,

         G   **B♭**
When you're ready we can share the wine,

      Dm
Call me.

Link 2 | (Dm) | Dm G F | Em | Em A G ‖

Middle

Em   **Bm**
Ooh, he speaks the languages of love,

Em   **Bm**
Ooh, amore, chiamami, chiamami,

F   **C**
Ooh, appelle-moi mon cherie, appelle-moi.

      Dm   **B♭**
Anytime, anyplace, anywhere, any way.

      G   **A**
Anytime, anyplace, anywhere, any day.

Instrumental   ‖: Em | Em | Bm | Bm   :‖

         | F | F | C | C |

         | Dm | Dm | B♭ | B♭   A |

         | G | G | A   ‖

25

Chorus 3

    A C   Dm   **F**
Call me, (call me) my love,

       G   **B**♭
Call me, call me any, anytime.

    Dm   **F**
Call me (call me) for a ride,

       G   **B**♭
Call me, call me for some overtime.

    Dm   **F**
Call me, (call me) my love,

       G   **B**♭
Call me, call me in a sweet design.

    Dm   **F**
Call me, (call me) call me

       G   **B**♭
For your lover's lover's alibi.

    Dm   **F**
Call me (call me) on the line,

       G   **B**♭
Call me, call me any, anytime.

    Dm   **F**
Call me, (call me) oh,

       G   **B**♭
Call me, ooh.   *To fade*

Come Back

Words & Music by
Pete Wylie

F   C   Csus⁴   C/E   Dm   G

Intro

| F || C | | C Csus⁴ C | F | F C/E |

| Dm | Dm | G | G F |

| C | C Csus⁴ C | F | F C/E |

| Dm | Dm | G | G || C |

Verse 1

| C | | | F | C/E |
Down by the docks the talking turned,

Dm   **G**
As some are striving to survive, the others thrive,

C   **F**   **C/E**
Reaching the realm of no return.

Dm
I don't want charity, just half a chance

     G
And it's all up to you, yes it's all up to you.

Chorus 1

F   **C**   **Csus⁴**
Come back, I'm willing to try.

C   **F**
Come back, don't let time go by.

C/E   **Dm**
Come back, the will to survive's

   G
Come back.

F   **C**   **Csus⁴**
Come back, with time on my hands.

C   **F**
Come back, I'm making a stand.

C/E   **Dm**
Come back, to kill or to cure.

   G | **C** | ||
Come back, to God-given pleasure.

Verse 2

    C   F
Well did you ever hear of hope?

            C/E   Dm
Yeah, yeah, yeah.
                 A small belief can mean

                G
You'll never walk alone,

    C   F   C/E
And did you ever hear of faith?

      Dm
Encouragement, development.

          G
And it's all up to you, yes it's all up to you.

Chorus 2

F   C   Csus4
Come back, I'm willing to try.

C   F
Come back, don't let time go by.

C/E   Dm
Come back, the will to survive's

      G
Come back.

F   C   Csus4
Come back, with time on my hands.

C   F
Come back, I'm making a stand.

C/E   Dm
Come back, to kill or to cure.

      G
Come back, to God-given pleasure.

Instrumental ‖: C | C Csus4   C | F | F   C/E |

               | Dm | Dm | G | G   :‖

Chorus 3

F   C   Csus4
Come back, I'm making a stand.

C   F   C/E
Come back, with time on my hands.

      Dm
Come back, to kill or to cure.

      G
Come back.

cont.
      F   C   Csus⁴

Come back, I'm willing to try.

C   F   C/E

Come back, don't let time go by.

      Dm

Come back, the will to survive's

      G

Come back. I'm begging you please,

F   C   Csus⁴

Come back. Now I'm making my stand.

C   F   C/E

Come back, with time on my hands.

      Dm

Come back, time to kill or to cure.

      G   C

Come back, and hats off to Hatton.

Coda
      F   C/E   Dm   G   F   C

Come back,   come back, come back, come back.

      F   C/E   Dm   G

Come back,   come back, come back.

Fade out

Could You Be Loved

Words & Music by
Bob Marley

Bm   D   G   Em   F♯m

Capo first fret – tune slightly flat

Intro
| (Bm) | (Bm) | (Bm) | (Bm) | Bm | Bm ‖

Chorus 1
D   Bm G   D
Could you be loved   and be loved?
               Bm G   D
Could you be loved   and be loved?

Verse 1
Bm   Em
Don't let them fool you
Bm   Em
Or even try to school you,   oh no.
Bm
We've got a mind of our own
     G   F♯m   Em
So go to hell if what you're thinkin' is not right.
Bm
Love would never leave us alone,
     G   F♯m   A
In the darkness there must come out to light.

Chorus 2
D   Bm G   D
Could you be loved   and be loved?
               Bm G   D
Could you be loved   and be loved?

Intro
| Bm | Bm | Bm | Bm ‖

Bridge 1
            Bm
(The road of life is rocky and you may stumble too,

So while you point your fingers someone else is judgin' you.)

cont.
Bm
Love your brotherman.

||: (Could you be, could you be, could you be loved?

Could you be, could you be loved?) :||

Verse 2
Bm   **Em**
  Don't let them change you, oh,
Bm   **Em**
  Or even rearrange you,   oh no.
Bm   **G**   **F♯m**   **Em**
  We've got a life to live (hmm-hmm-hmm).

       Bm
They say   only, only

     G   **F♯m**   **A**
Only the fittest of the fittest shall survive,

Stay alive.

Chorus 3
D   **Bm**   **G**   **D**
  Could you be loved   and be loved?
       Bm   **G**   **D**
Could you be loved   and be loved?

Bridge 2
Bm
(You ain't gonna miss your water until your well runs dry,

No matter how you treat him the man will never be satisfied.

Could you be, could you be, could you be loved

Could you be, could you be loved?)

Coda
Bm
(Could you be, could you be, could you be loved

Could you be, could you be loved?)

Say something, say something,

Say something, say something.

Reggae, reggae, say something.

Rockers, rockers, say something.

(Could you be loved?) *Ad lib. to fade*

Crazy Crazy Nights

Words & Music by
Paul Stanley & Adam Mitchell

G   Gsus⁴   D   C   G/B   Cadd⁹   Dsus⁴

Am⁷   Em⁷   Bm⁷   Em   B♭   F   Gm   fr3   E♭   fr3

Intro

| G Gsus⁴ G D | C G/B D |
Whoa!

Spoken

G　　　　　Gsus⁴ G　　　　　　　　　　C　　　　G/B D
　　Here's a little　　song for everybody　out there.

Verse 1

G Gsus⁴ G D C G/B D　　　G Gsus⁴ G | C G/B D |
　People try to take my　soul away,

G Gsus⁴　　　G D C G/B D　　　G Gsus⁴ G | C G/B D |
　But I don't hear the rap that　they all say.

Cadd⁹　　　　　　　　Dsus⁴
　They try to tell us we don't belong,

Am⁷　　　　　　Em⁷　　Dsus⁴
That's alright, we're millions strong.

Am⁷　　　　　　　Bm⁷
This is my music, it makes me proud,

Cadd⁹　　　　　　　　　Am⁷　　D
These are my people and this is my crowd.

Chorus 1

　　　　　　　G　　D　　Em　Cadd⁹　D　　　C D
These are crazy, crazy, crazy, crazy　nights.
　　　　　　　G　　D　　Em　Cadd⁹　D　　　C D C
These are crazy, crazy, crazy, crazy　nights.

Verse 2

G Gsus⁴　　G D C G/B　　　　D　G Gsus⁴ G | C G/B D |
　Sometimes days are so　hard to survive:

G　Gsus⁴ G　　　C　G/B D　　G　Gsus⁴ G | C G/B D |
　A million ways to bu - ry　you alive.

Cadd⁹　　　　　　　　　　　Dsus⁴
　The sun goes down like a bad, bad dream;

cont.
          Am⁷   **Em⁷**   **Dsus⁴**

You're wound up tight, gotta let off steam.

          Am⁷   **Bm⁷**

They say they can break you again and again.

      Cadd⁹   **Am⁷**   **D**

If life is a radio, turn up to ten.

Chorus 2
           G   **D**   **Em**   **Cadd⁹** **D**   **C D**

These are crazy, crazy, crazy, crazy   nights.

           G   **D**   **Em**   **Cadd⁹** **D**   **C D**

These are crazy, crazy, crazy, crazy   nights.

Chorus 3
           B♭   **F**   **Gm** **E♭**   **F**   **E♭ F**

These are crazy, crazy, crazy, crazy nights.

           B♭   **F**   **Gm** **E♭**   **F**   **E♭ F**

These are crazy, crazy, crazy, crazy nights.

Guitar solo   ‖: **G** **Dsus⁴** | **Em⁷** **Cadd⁹** | **D** | **D**   :‖

Verse 3
      Cadd⁹   **Dsus⁴**

And they try to tell us that we don't belong,

        Am⁷   **Em⁷**   **Dsus⁴**

But that's alright, we're millions strong.

Am⁷   **Bm⁷**

You are my people, you are my crowd,

Cadd⁹   **D**   **C**

This is our music, we love it loud.

Link | **G Gsus⁴ G**   **D** | **C G/B D** |

Spoken   Yeah,

G   **Gsus⁴**   **G**   **C G/B D**

    And nobody's gonna change me,

G   **Gsus⁴**   **G**   **C G/B**

   'Cause that's who I am.

Chorus 4
    C   **D G**   **D**   **Em** **Cadd⁹** **D**   **C D**

‖: These are crazy, crazy, crazy, crazy   nights.

           G   **D**   **Em**   **Cadd⁹** **D**   **C D**

These are crazy, crazy, crazy, crazy   nights.   :‖

Chorus 5
           B♭   **F**   **Gm** **E♭**   **F**   **E♭ F**

‖: These are crazy, crazy, crazy, crazy nights.

           B♭   **F**   **Gm** **E♭**   **F**   **E♭ F**

These are crazy, crazy, crazy, crazy nights.   :‖ *Repeat to fade*

Don't You (Forget About Me)

Words & Music by
Keith Forsey & Steve Schiff

D   Em   C   E   A   Dsus2   Asus4   G

Intro ‖: D Em | Em | D Em | C D :‖

Verse 1

    E   D
Won't you come see about me?

    A   D
I'll be alone, dancing, you know it, baby.

    E   D
    Tell me your troubles and doubts,

    A   D
Giving me everything inside and out.

          E   D
And   love's strange, so real in the dark.

    A   D
Think of the tender things that we were working on.

    E   D
    Slow change may pull us apart

    A   D
    When the light gets into your heart, baby;

Chorus 1

    E   Dsus2   Asus4 A
    Don't you   forget about me.

Dsus2
Don't, don't, don't, don't,

    E   Dsus2   Asus4 A
    Don't you   forget about me.

Bridge

    C   G
Will you stand above me, look my way, never love me?

    D   A
Rain keeps falling, rain keeps falling   down, down, down.

    C   G
Will you recognise me, call my name or walk on by?

    D   A
Rain keeps falling, rain keeps falling   down, down, down.

Link 1 ‖: D Em | Em | D Em | C D :‖

Verse 2

E   D
Don't you try and pretend,

A   D
It's my feeling we'll win in the end.

      E   D
I won't harm you or touch your defences,

A   D
Vanity, insecurity.

E   D
Don't you forget about me,

A   D
I'll be alone, dancing, you know it, baby.

E   D
Going to take you apart:

A   D
I'll put us back together at heart, baby;

Chorus 2

E   Dsus²   Asus⁴ A
Don't you forget about me.

Dsus²
Don't, don't, don't, don't,

E   Dsus²   Asus⁴ A
Don't you forget about me.

Link 2

Dsus²   E
‖: As you walk on by

Dsus²   Asus⁴   A
Will you call my name? _____ :‖

Dsus²   E | D | A |
When you walk away,

D   E | D | A |
Oh, will you walk away,

D   E | D |
Will you walk on by?

A   D
Come on, call my name.

E   D | A | D   ‖
Will you call my name?   I said;

Coda

    E   Dsus²   A   Dsus²
‖: La, la la la la-ah, la la la la-ah, la la la, la-la la la-la la. :‖

Repeat to fade

Dead Ringer For Love

Words & Music by
Jim Steinman

Capo first fret, tune slightly sharp

Intro

‖: A   D/A A │ A D/A A D/A │ A   D/A A │ A D/A A D/A :‖

Verse 1

        A   D/A A

Every night I grab some money and I go down to the bar.

                                                                D/A A

I got my buddies and a beer, I got a dream, I need a car.

                E   D

You got me begging on my knees, c'mon and throw the dog a bone,

  Bm   E

A man he doesn't live by rock 'n' roll and brew alone,

A/E E A/E E

Ba - by, ba - by.

Chorus 1

D   E

Rock 'n' roll and brew, rock 'n' roll and brew,

    A   F#m   E

They don't mean a thing when I compare 'em next to you.

D   E

Rock 'n' roll and brew, rock 'n' roll and brew,

   A   F#m

I know that you and I, we got better things to do.

E   D

I don't know who you are or what you do,

    E   F#m

Or where you go when you're not around.

         D   E

I don't know anything about you baby,

      A   D

But you're everything I'm dreaming of,

		A E D
cont.		I don't know who you are, but you're a real dead ringer for love,

                   E
A real dead ringer for (love.)

Link 1 | **A   D/A A** | **A D/A A D/A** | **A   D/A A** | **A D/A A D/A** ||
             love.

                A   **D/A A**
Verse 2 *Girl:* Ever since I can remember you been hanging 'round this joint.

                                                          D/A A
You been trying to look away but now you finally got the point.

              E   **D**
I don't have to know your name and I won't tell you what to do

     Bm   **E**
But a girl – she doesn't live by only rock 'n' roll and brew,

A/E   E   A/E   E   A/E   E   A/E   E
Ba - by, ba - by, ba - by, ba - by.

Chorus 2   As Chorus 1

Link 2 ||: **A** | **A** | **A** | **A**   :||

                    E
Middle *Boy:* Oh! You got the kind of legs that do more than walk,

              A
       Girl: I don't have to listen to your whimpering talk.

                  E
       Boy: Listen,   you got the kind of eyes that do more than see,

              A
       Girl: You got a lotta nerve to come on to me.

              D
       Boy: You got the kind of lips that do more than drink,

              A
       Girl: You got the kind of mind that does less than think.

                      F♯m
But since I'm feeling kinda lonely and my defenses are low,

                     Bm
Why don't we give it a shot and get it ready to go.

          D
I'm looking for anonymous and fleeting satisfaction,

      E
I want to tell my daddy I'll be missing in action.

	A D/A A
Verse 3	Ever since I can remember I've been hanging 'round this joint
	D/A A
	My daddy never noticed, now he'll finally get the point.
	E D
Boy:	You got me beggin' on my knees, c'mon and throw the dog a bone,
	Bm E
	A man he doesn't live by rock 'n' roll and brew alone,
	A/E E A/E E A/E E A/E E
	Ba - by, ba - by, ba - by, ba - by.

	D E
Chorus 3	Rock 'n' roll and brew, rock 'n' roll and brew,
	A F♯m
	I know that you and I, we got better things to do.
	D E
	Rock 'n' roll and brew, rock 'n' roll and brew,
	A F♯m
	They don't mean a thing when I compare 'em next to you.
	D
	I don't know who you are or what you do,
	E F♯m
	Or where you go when you're not around.
	D E
	I don't know anything about you, baby,
	A D
	But you're everything I'm dreaming of,
	A
	I don't know who you are,
	E D
	But you're a real dead ringer for love,
	E A
	A real dead ringer for love.

Link 3   ‖: A   D/A A │ A D/A A D/A │ A   D/A A │ A D/A A D/A :‖
                                                              Play 3 times

	A
Coda	Dead ringer for love.
	A
	‖: Dead ringer for love (dead ringer). :‖ *Play 11 times*

Every Little Thing She Does Is Magic

Words & Music by
Sting

Gadd9   A   Gmaj7/B   A/C#   D   G

B♭   Fmaj9   Am7   Gm7 (fr3)   C   F

Intro

‖: Gadd9 | A | Gmaj7/B | A/C# :‖

Verse 1

         Gadd9   A
Though I've tried before to tell her

      Gmaj7/B   A/C#   Gadd9   A   Gmaj7/B   A/C#
Of the feelings I have for her in my heart,

      Gadd9   A
Every time that I come near her

      Gmaj7/B
I just lose my nerve,

    A/C#   D   G A | D   G A | D   G A | D ‖
As I've done from the start.

Chorus 1

N.C.   A   D
Every little thing she does is magic,

         A   D
Everything she do just turns me on;

        A   D
Even though my life before was tragic

        A
Now I know my love for her goes (on.)

Link 1

| B♭ | Fmaj9 | Gadd9 | A | Gmaj7/B | A/C# ‖
on.

Verse 2

Gadd⁹   **A**
Do I have to tell the story

     Gmaj⁷/B   **A/C♯**   **Gadd⁹** **A** **Gmaj⁷/B** **A/C♯**
Of a thousand rainy days since we first met? _____

     Gadd⁹   **A**
It's a big enough umbrella

      Gmaj⁷/B
But it's always me

     A/C♯   **D**   **G A** **D** **G A** **D** **G A** **D**   ‖
That ends up getting wet.

Chorus 2

N.C.   **A**   **D**
Every little thing she does is magic,

           A   **D**
Everything she do just turns me on;

           A   **D**
Even though my life before was tragic

           A
Now I know my love for her goes (on.)

Link 2 | **B♭** | **Fmaj⁹** | **B♭** | **Fmaj⁹** |
         on.

Bridge

B♭   **Am⁷**   **Gm⁷**   **Am⁷**
  I resolve to call her up   a thousand times a day

Gm⁷   **Am⁷**   **B♭**   **Am⁷**
  And ask her if she'll marry me   in some old-fashioned way.

        B♭   **C**
But my silent fears have gripped me

        B♭   **C**
Long before I reach the phone,

        B♭   **C**
Long before my tongue has tripped me.

        B♭   **C**   **D**   **G A** **D**   ‖
Must I always be alone?

Chorus 3

N.C.   **A**   **D**
Every little thing she does is magic,

           A   **D**
Everything she do just turns me on;

           A   **D**
Even though my life before was tragic

           A   **D**
Now I know my love for her goes on.

Chorus 4

N.C.   A   D
Every little thing she does is magic,
                A   D
Everything she do just turns me on;
                   A   D
Even though my life before was tragic
               A
Now I know my love for her goes (on.)

Link 3

| B♭ | Fmaj9 | Gm7 | Am7 | |

on. _____

| B♭ | F C | D | D | ‖

Coda

B♭   Fmaj9
  Every little thing, every little thing,
Gm7   Am7
Every little thing, every little thing,
B♭   F
Every little, every little, every little,
C   D
Every little thing she does.
           B♭   Fmaj9
Every little thing she does,
           Gm7   Am7
Every little thing she does,
           B♭   F
Every little thing she does,
        C D
That she does is magic.
  B♭   Fmaj9   Gm7   Am7
‖:   Bee-yo-oh, bee-yo-oh, bee-yo-oh,
          B♭   Fmaj9 C   D
Bee-yo-oh, bee-yo-oh, bee - yo - oh, bee-yo-oh, bee-yo-oh. :‖
B♭   Fmaj9 Gm7   Am7
  Every little thing,   every little thing,
B♭   F   C   D
  Every little thing she do is magic,

Magic, magic, magic, magic, magic.
B♭   Fmaj9   Gm7 Am7
Yo - oh,   yo - oh,
      B♭   C   D
Bee-yo-oh-oh. _____

Fade out

Embarrassment

Words & Music by
Mike Barson & Lee Thompson

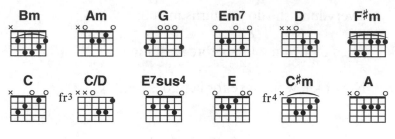

Capo first fret

Verse 1

Bm   Am
Received a letter just the other day:

G Em⁷
Don't seem they wanna know you no more.

Bm   Am
They've laid it down, given you their score.

G   Em⁷
Within the first two lines it bluntly read:

Verse 2

           D
You're not to come and see us no more,

F♯m
Keep away from our door.

Am
Don't come 'round here no more.

Em⁷
What on earth did you do that for?

Verse 3

D
Our aunt, she don't wanna know, she says

F♯m
What will the neighbours think? They'll think

Am
We don't, that's what they'll think, we don't

Em⁷
But I will, 'cause I know they think I don't.

Bridge 1

    C
Our uncle he don't wanna know, he says

    Em7
We are a disgrace to the human race, he says

    G
How can you show your face

    C/D   D
When you're a disgrace to the human race?

Sax solo   ‖: Am | Am | Em7 | Em7 :‖   *Play 4 times*

Verse 4

Bm Am
No commitment, you're an embarrassment.

G   Em7
Yes, an embarrassment, a living endorsement.

Bm Am
The intention that you have booked

G   Em7
Was an intention that was overlooked.

Verse 5

D   F♯m
They say, stay away,   don't want you home today.

Am   Em7
Keep away from our door,   don't come 'round here no more.

Verse 6

D   F♯m
Our dad don't wanna know, he says   this is a serious matter

Am   Em7
Too late to reconsider.   No-one's gonna wanna know ya!

Bridge 2

    C
Our mum, she don't wanna know, she says

    Em7
I'm feeling twice as old, she said;

    G
Thought she had a head on her shoulder.

    C/D   D
'Cause I'm feeling twice as older,

    E7sus4   E
I'm feeling twice as older

Sax solo   ‖: Bm | Bm | F♯m | F♯m :‖   *Play 6 times*

Coda

    C♯m Bm   A F♯m
You're an embarrassment.

Eternal Flame

Words & Music by
Billy Steinberg, Tom Kelly & Susanna Hoffs

G   Gsus4   Em   C   D   B7   Em7

A7   Bm7   Am7   Dm7   G/D   F   G/B   F/C

Intro | G | Gsus4 | G | Gsus4 ||

Verse 1

G   Em   C   D
Close your eyes, give me your hand, darling,

G   Em   C   D   Em
Do you feel my heart beating, do you understand?

        B7   Em7 A7   D   Bm7
Do you feel the same? Am I only dreaming?

Am7   G
Is this burning an eternal flame?

Verse 2

          Em   C   D
I believe it's meant to be, darling.

G   Em   C   D   Em
I watch you when you are sleeping; you belong with me.

        B7   Em7 A7   D   Bm7
Do you feel the same? Am I only dreaming?

    Am7   D
Or is this burning an eternal flame? ____

Bridge 1

        Dm7   G/D   D
Say my name, sun shines through the rain.

        F   G   C   G/B   Am   Am7
A whole life so lonely, and then you come and ease the pain.

D   Bm   F/C C   D
I don't want to lose this feel - ing, oh: _____

Guitar solo | Em B7 | Em7 A7 | D Bm7 | Am7 | Am7 ||

—

Bridge 2

D   Dm7 G/D   D
Say my name, sun shines through the rain.

     F G   C G/B Am Am7
A whole life so lonely, and then you come and ease the pain.

D Bm   F/C C D
I don't want to lose this feel - ing, oh: ____

Verse 3

G   Em C   D
Close your eyes, give me your hand, ____

G   Em   C D   Em
Do you feel my heart beating, do you understand?

    B7   Em7 A7   D Bm7
Do you feel the same? Am I only dreaming?

  Am7   G
Or is this burning an eternal flame? _____

Verse 4

G   Em C   D
Close your eyes, give me your hand, ____

G   Em   C D   Em
Do you feel my heart beating, do you understand?

    B7   Em7 A7   D Bm7
Do you feel the same? Am I only dreaming?

Am7   G
Is this burning an eternal flame?

Verse 5

G   Em C   D
Close your eyes, give me your hand,

G   Em   C D   Em
Do you feel my heart beating, do you understand?

    B7   Em7 A7   D Bm7
Do you feel the same? Am I only dreaming?

Am7   G
An eternal flame?

Verse 6

𝄆 G   Em C   D
 Close your eyes, give me your hand, ____

G   Em   C D   Em
Do you feel my heart beating, do you understand?

    B7   Em7 A7   D Bm7
Do you feel the same? Am I only dreaming?

Am7   G
Is this burning an eternal flame? 𝄇 *Repeat to fade*

Faith

Words & Music by
George Michael

C   F   G/B   Am   D

Tune guitar down a semitone

Intro | **Organ intro** | **C**   ‖

Verse 1
     C
Well, I guess it would be nice if I could touch your body,
         F   **C**
I know not everybody has got a body like you,

But I gotta think twice before I give my heart away
          F   **C**
And I know all the games you play because I play them too.

Pre-chorus 1
         F   **C**
Oh, but I need some time off from that emotion,
F   **C**
Time to pick my heart up off the floor.
         F   **C**   **G/B**   **Am**
Oh, when that love comes down without de - votion,
       D   **G**
Well, it takes a strong man, baby, but I'm showing you the door.

Chorus 1
N.C.   **C**
'Cause I gotta have faith, I gotta have faith,

Because I gotta have faith, faith, faith.
                 N.C.
I gotta have faith, faith, faith.

Verse 2
             C
Baby, I know you're asking me to stay,
           F
Say please, please, please don't go away.
                  C
You say I'm giving you the blues;

Maybe you mean every word you say,
             F
I can't help but think of yesterday
           C
And another who tied me down to lover boy rules.

           F   **C**
Pre-chorus 2 Before this river becomes an ocean,
           F   **C**
Before you throw my heart back on the floor,
               F   **C G/B Am**
Oh baby, I'll reconsider my foolish notion.
             D   **G**
Well, I need someone to hold me but I wait for something more.

Chorus 2   As Chorus 1

Solo | **C** | **C** | **F** |
            (With vocal ad lib.)
            C | **C** | **C** |
I'll just have to wait 'cause I gotta have faith.
                | **F** | **C** ||
I gotta have faith,   got to, got to have faith.

Pre-chorus 3   As Pre-chorus 1

Chorus 3   As Chorus 1

Fantastic Day

Words & Music by
Nick Heyward

Chords: Fmaj7 G6 Em7 Am7 G Cadd9

Fmaj7/C C/F G6/D Dsus2 Dsus4 Dsus4/A

Intro
‖: Fmaj7 | G6 | Em7 | Am7 :‖ Am7 | G | Am7 ‖

Verse 1

G   Cadd9   G
Well there's a great amount of strain
        Cadd9   G   Cadd9   G   Cadd9 G
About getting on that train every day and every night.
        Cadd9   G   Cadd9   G
The only thing that makes it good is seeing my favourite sight
Cadd9   G
Prance and flutter, stride down
        Cadd9 G   Cadd9 G   Fmaj7/C C/F
That green esca - la - tor, yeah. _____

Verse 2

                Cadd9   G
When I'm getting off the train
        Cadd9   G   Cadd9   G   Cadd9 G
And my love is on my brain every day and every night.
        Cadd9   G   Cadd9   G
The only thing that makes it right is seeing my favourite sight
Cadd9   G
Crying in the night with the
Cadd9 G   Cadd9 G   Fmaj7/C C/F G6/D
Summer in her eyes   to - night. _____

Chorus 1

Dsus2 Cadd9 G6
Fan - tastic day,
Dsus2 Cadd9 G6
Fan - tastic day.

Link
| Cadd9 G | Cadd9 G | Cadd9 G | Cadd9 G ‖

48

Verse 3

           Cadd9   **G**   **Cadd9**   **G**
Well I can find a funny feeling, funny as a smile

Cadd9   **G**   **Cadd9** **G** **Cadd9**
  When your mouth is   all dry,

Fmaj7/C   **C/F** **G6/D**
Why? _____

Chorus 2

Dsus2 **Cadd9**   **G6**
Fan - tastic   day,

Dsus2 **Cadd9**   **G6**
Fan - tastic   day.

Chorus 3

            Dsus2 **Cadd9**   **G6**
Well, it's a fan - tastic   day,

            Dsus2 **Cadd9**   **G6**   **Cadd9** **G6** **Cadd9**
Well, it's a fan - tastic   day. _____

Bridge

Dsus4 **Dsus4/A** **G**
    I know I've lost myself again,

Dsus4   **Dsus4/A** **G**
    True love has   past me by.

Dsus4 **Dsus4/A** **G**
    I tried to   shave myself,

Dsus4   **Dsus4/A** **G** **Fmaj7** **C/F**   **G6**
    Be a happier   guy, night _____ and day.

Verse 4

          Cadd9   **G**   **Cadd9**   **G**
I can see it in your eyes, now the summer never smiles

          Cadd9   **G**   **Cadd9** **G**
On a happy honey day,

          Cadd9   **G**
Am I being in the way?

          Cadd9   **G**
When I'm so in love with you

 Cadd9 **G**   **Cadd9** **G** **Cadd9** **G**   **Fmaj7** **C/F** **G6**
I can't sit down and I cry   in pain   with night and day. ____

Chorus 4

Dsus2 **Cadd9**   **G6**
Fan - tastic   day,

Dsus2 **Cadd9**   **G6**
Fan - tastic   day.

Coda

            Dsus2 **Cadd9**   **G6**
‖: Well, it's a fan - tastic   day,

            Dsus2 **Cadd9**   **G6**
Well, it's a fan - tastic   day. :‖

Fisherman's Blues

Words & Music by
Mike Scott & Steve Wickham

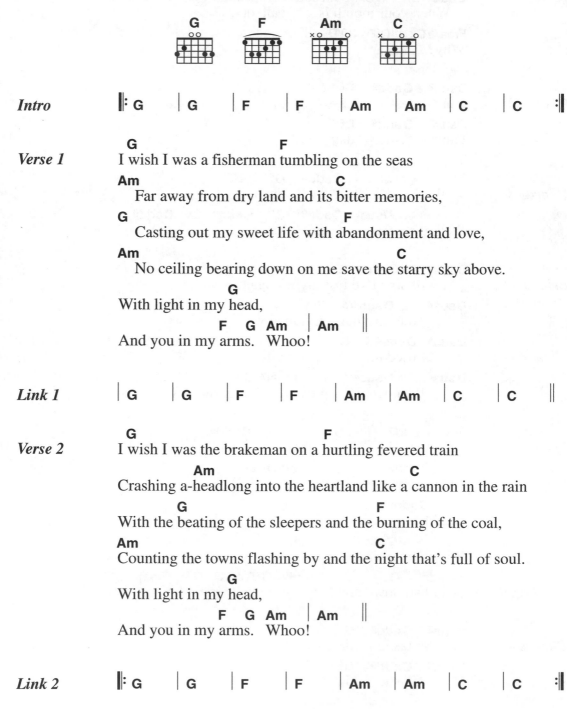

Intro
‖: G | G | F | F | Am | Am | C | C :‖

Verse 1

   G   F
I wish I was a fisherman tumbling on the seas

Am   C
   Far away from dry land and its bitter memories,

G   F
   Casting out my sweet life with abandonment and love,

Am   C
   No ceiling bearing down on me save the starry sky above.

                    G
With light in my head,

             F G Am | Am
And you in my arms. Whoo!

Link 1
| G | G | F | F | Am | Am | C | C ‖

Verse 2

   G   F
I wish I was the brakeman on a hurtling fevered train

            Am   C
Crashing a-headlong into the heartland like a cannon in the rain

        G   F
With the beating of the sleepers and the burning of the coal,

Am   C
Counting the towns flashing by and the night that's full of soul.

               G
With light in my head,

             F G Am | Am
And you in my arms. Whoo!

Link 2
‖: G | G | F | F | Am | Am | C | C :‖

Verse 3

          G   F
Tomorrow I will be loosened from bonds that hold me fast,

                 Am   C
When the chains hung all around me   will fall away at last.

                 G   F
 And on that   fine and fateful day I will take me in my hands,

             Am   C
 I will   ride on the train, I will be the fisherman

                      G
With light in my head,

              F
You in my arms.

          G   Am | Am | C | C ||
Whoo - ooo - ooh.

Link 3 ||: G | G | F | F | Am | Am | C | C   :||

Coda   G
||: Light in my head,

              F
You in my arms,

             G   Am
Light in my head,

             C
You. _____   :|| *Repeat to fade*

Ghost Town

Words & Music by
Jerry Dammers

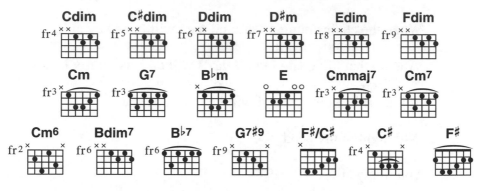

Intro
| Cdim C#dim | Ddim D#dim Edim Fdim |

‖: Cm G7 | Cm G7 | Cm G7 :‖

| B♭m | E ‖

Verse 1

    Cm   G7   Cm   G7
This town (town) is 'comin' like a ghost town.

    Cm   G7   Cm G7
All the clubs are being closed down.

    Cm   G7   Cm   G7
This place (town) is 'comin' like a ghost town.

    B♭m   E
Bands won't play no more.

Too much fightin' on the dance floor.

Chorus 1

    Cm   Cmmaj7
La, la la la la,

        Cm7   Cm6
La la la la la la la la la la la la.

    Bdim7 B♭7   Cm G7#9
La la,_____ la la la la la la.

    Cm   Cmmaj7
La, la la la la,

        Cm7   Cm6
La la la la la la la la la la la la.

    Bdim7 B♭7   Cm G7
La la,_____ la la la la la la la.

Link 1 | Cdim   C#dim | Ddim D#dim Edim Fdim ‖

Middle

<pre>
F#/C#   C#   F#/C#   C#   F#
Do you remember the good old days before the ghost town?
    F#/C#   C#   F#/C#   C#   F#   G7
We danced and sang and the music played in our dear boom town.
</pre>

Link 2 | Cm G7 | Cm G7 | Cm G7 |

                | Cm G7 | Cm G7 | Cm G7 |

                | B♭m | E   ‖

Verse 2

<pre>
Cm   G7   Cm
This town (town) is 'comin' like a ghost town.
                G7   Cm G7
Why must the youth fight against themself.
Cm   G7
    Government's leavin' the youths on the shelf.
Cm   G7   Cm
This place (town) is 'comin' like a ghost town.
                  G7
No job to be found in this country,
B♭m   E
Can't go on no more,

The people gettin' angry.
</pre>

Chorus 2   As Chorus 1

Outro

<pre>
Cm   G7   Cm
This town is 'comin' like a ghost town.
     G7   Cm
This town is 'comin' like a ghost town.
     G7   Cm
This town is 'comin' like a ghost town.
  N.C.
This town is 'comin' like a ghost town.
</pre>

Good Thing

Words & Music by
Roland Gift & David Steele

Intro

| A9 | :|| D F | Am G | D F | C G :||

Verse 1

D   F   Am G D F   Am G
The one good thing   in my life

D   F   Am G D   F   Am G
Has gone away,   I don't know why.

D   F   Am G D   F   Am G
She's gone away   I don't know   where,

D   F   Am G D F   Am G
Somewhere I can't   fol - low her.

Em   A
The one good thing didn't stay too long,

F#m   B   N.C.
My back was turned and she was gone.

Chorus 1

D   F Am   G   D   F C   G
Good thing,   where have you gone?   (Doo doobie doo)

       D   F Am
My good thing,

       G   D   F C   G
You've been gone too long.

          (Good thing,   doo doo doobie doo).

Verse 2

D   F   Am G D   F   Am G
People say   I should for - get.

D   F   Am   G   D F   Am G
New friend tomorrow,   don't get upset.

D   F   Am G   D   F   Am G
People say   she's doing   fine.

D   F   Am G D F   Am G
Mutual friends   I see sometime.

cont.

    Em   **A**
    That's not I what I want to hear.

    F♯m   **B**
    I want to hear she wants me near.

Chorus 2   As Chorus 1

Piano solo | **D**   **F** | **Am** **G** | **D** **F** | **C** **G** |
    (Good thing.)

    ‖: **D** **F** | **Am** **G** | **D** **F** | **C** **G** :‖ *Play 3 times*

Verse 3

    D   **F**   **Am** **G** **D**   **F**   **Am** **G**
    Then one day   she came back

    D **F**   **Am** **G**   **D** **F**   **Am** **G**
    I was so happy that I didn't act.

    Em   **A**
    Morning came into my room,

    F♯m   **B**   **N.C.**
    Caught me dreaming like a fool.

Chorus 3

    D   **F** **Am** **G**   **D**   **F**
    Good thing,   my good thing

    C   **G** **D**   **F**   **Am**
  {   (Doo doo doobie doo)
             My, my, my good thing.

    G   **D**   **F** **C**   **G**
  { Where have you gone?
           (Good thing,   doo doo doobie doo)

       D   **F**
    My good thing,

    Am **G**   **D**   **F**
    Hey-hey my good thing

    C   **G**   **D**
    (Doo doobie doo, good thing.)

    F **Am** **G**   **D**   **F**
    Girl,   where have you gone?

    C   **G**   **D**   **F** **Am** **G**
  { (Doo doo doobie doo, good thing)
           It's been   so long.

Outro

          D **F** **C**   **G**
  ‖: Good God, girl! (doo doobie doo).

       D **F** **Am** **G**
  Good God, girl.   :‖ *Repeat to fade*

Heaven

Words & Music by
Bryan Adams & Jim Vallance

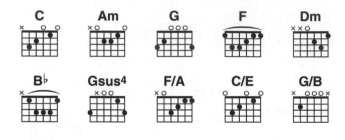

Intro | C Am | G F | C Am | G F ‖

Verse 1

    C   Am   G
Oh, thinking about all our younger years,

        Dm   Am
There was only you and me.

       B♭   Gsus⁴ G
We were young and wild and free,

C   Am   G
    Now nothing can take you away from me.

        Dm   Am
We've been down that road before

       B♭   F/A
But that's over now,

       Gsus⁴   G
You keep me coming back for more.

Chorus 1

    F   G   Am
Baby you're all that I want:

         C   F
When you're lying here in my arms

         G   Am   G
I'm finding it hard to believe, we're in heaven.

     F   G   Am
And love is all that I need

       C   F
And I found it there in your heart,

       G   Am   G
It isn't too hard to see we're in heaven.

Link | C   Am | G   F ‖

Verse 2

        C   **Am**   **G**
     Oh, once in your life you find someone

          Dm   **Am**
Who will turn your world around,

           B♭   **Gsus⁴** **G**
Bring you up when you're feeling down.

     C   **Am**   **G**
     Yeah, nothing could change what you mean to me.

          Dm   **Am**
Oh, there's lots that I could say

          B♭   **F/A**
But just hold me now,

          Gsus⁴   **G**
'Cause our love will light the way.

Chorus 2

        F   **G**   **Am**
And baby you're all that I want

            C   **F**
When you're lying here in my arms

          G   **Am**   **G**
I'm finding it hard to believe we're in heaven.

       F **G**   **Am**
Yeah, love is all that I need

         C   **F**
And I found it there in your heart,

        G   **Am**   **G**
It isn't too hard to see we're in heaven.

Middle

Dm   **C/E** **F**
   I've been waiting for so long

           G   **Am**   **G/B**
For something   to arrive, for love to come along. ____

C Dm   **C/E**   **F**
   Now our dreams are   coming true

                       C
Through the good times and the bad.

         Gsus⁴   **G**
Yeah, I'll be standing there by you.

Solo | F G Am | C   F | F G Am | G ‖

Chorus 3
       F   **G**   **Am**
And baby you're all that I want:

            C   **F**
When you're lying here in my arms

          G   **Am**   **G**
I'm finding it hard to believe we're in heaven.

    F   **G**   **Am**
And love is all that I need

       C   **F**
And I found it there in your heart,

       G   **Am**   **G**
It isn't too hard to see we're in heaven, _____

Heaven. _____

Coda
  | **F G Am** | **C** **F** |

     F   **G**
You're all that I want,

   Am   **G**
You're all that I need. _____ *Fade out*

Heaven Is A Place On Earth

Words & Music by
Rick Nowels & Ellen Shipley

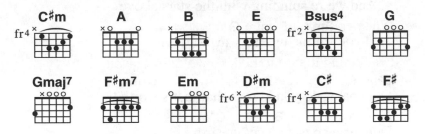

Chorus 1

C#m A   B   C#m
Ooh baby, do you know what that's worth?

E   A   B   C#m
Ooh, heaven is a place on earth.

           A   B   C#m
They say in heaven love comes first,

E   A   B   C#m
We'll make heaven a place on earth.

E   A   B
Ooh, heaven is a place on (earth.)

Link 1

| C#m A | B C#m | E A | B C#m |

earth. _____

| C#m A | B C#m | E A | B C#m | C#m ‖

Verse 1

           E   B
When the night falls down

    A   B
I wait for you and you come around,

       E   B
And the world's alive

       A   Bsus4   B
With the sound of kids on the street outside.

Pre-chorus 1

```
G                    A
    When you walk into the room
Gmaj7                        A
    You pull me close and we start to move,
F#m7                         Gmaj7
    And we're spinning with the stars above,
          Em   F#m7  G    A
And you lift me up in a wave of love.
```

Chorus 2

```
C#m  A          B              C#m
Ooh  baby, do you know what that's worth?
E    A         B      C#m
Ooh, heaven is a place on earth
          A      B         C#m
They say in heaven love comes first,
E       A        B        C#m
We'll make heaven a place on earth.
E    A          B        C#m  | C#m        |
Ooh, heaven is a place on earth.
```

Verse 2

```
          E    Bsus4   B
When I feel alone _____
    A                   B
I reach for you and you bring me home;
          E    Bsus4   B
When I'm lost at sea _____
    A                   Bsus4  B
I hear your voice and it carries me.
```

Pre-chorus 2

```
G                         A
    In this world we're just beginning
Gmaj7                 A
    To understand the miracle of living.
F#m7            Gmaj7
    Baby, I was afraid before,
          Em  F#m7  G    A
But I'm not afraid  anymore.
```

Chorus 3

```
C#m  A          B              C#m
Ooh  baby, do you know what that's worth?
E    A         B      C#m
Ooh, heaven is a place on earth.
          A      B         C#m
They say in heaven love comes first,
E       A        B        C#m
We'll make heaven a place on earth.
E       A        B
Ooh, heaven is a place on (earth.)
```

Instrumental | E | E | C#m | C#m | A | A | Bsus4 | B |

earth. ___

| E | E | C#m | C#m | A | A | Bsus4 | B ||

Pre-chorus 3
G   A
In this world we're just beginning
Gmaj7   A
To understand the miracle of living.
F#m7   Gmaj7
Baby, I was afraid before,
            Em F#m7 G A
But I'm not afraid anymore.

Link 2 | C#m A | B C#m | E A | B C#m |

| C#m A | B C#m | E A | B ||

Chorus 4
D#m B   C#   D#m
Ooh baby, do you know what that's worth?
F#   B   C#   D#m
Ooh, heaven is a place on earth.
            B   C#   D#m
They say in heaven love comes first,
F#   B   C#   D#m
We'll make heaven a place on earth
F#   B   C#   D#m
Ooh, heaven is a place on earth.

Coda
    F#   B   C#   D#m
||: Ooh, heaven is a place on earth. :|| *Repeat to fade*

Hunting High And Low

Words & Music by
Pal Waaktaar

Tune guitar slightly sharp

Verse 1

   Am   **F**   **Fm**
Here I am and within the reach of my hands

      Am   **F**
She's sound asleep, and she's sweeter now

        D♭   **Cm7**
Than the wildest dream could have seen her,

       A♭   **G**
And I watch her slipping a - way.

       F   **G**
For I know I'll be hunting:

Chorus 1

Asus4   **Am** **G** **Fmaj7** **Dm**
High and low,   high, _____

          Am   **Asus4**   **Dm** **Em**
There's no end to the lengths I'll go   to.

      Asus4   **Am** **G** **Fmaj7** **Dm**
Hunting high and low,   high, _____

          C   **Em**   **Dm7** **Dm7/G**
There's no end to the lengths I'll go:

Verse 2

     Am   **Am7**
To find her again:

      F   **Fm**
Upon this my dreams are depending.

cont.

> Am   Am7 F
> Through the dark   I sense the pounding
>
>   D♭   Cm7   B♭
> Of her heart next to mine.
>
>   A♭   G
> She's the sweetest love I could find,
>
>   F   G
> So I guess I'll be hunting:

Chorus 2

> Asus4   Am G Fmaj7 Dm
> High and low,   high, _____
>
>   Am   Asus4   Dm Em
> There's no end to the lengths I'll go to.
>
> Asus4   Am G Fmaj7 Dm
> High and low,   high. _____
>
>   C   Em   Dm7 Dm7/G
> Do you know what it means to love   you? _____

Instrumental

| Am | | Am G | F C/E | Dm | C | |
| G/B | | Am | Em | Em | F | ‖ |

Bridge

> G N.C.   Am   Am7
>   I'm hunting high and low,
>
>   F   Fm   Am   Am7
> And now she's telling me   she's got to go away.

Link

| Fmaj7 | Dm | Cm7 | B♭ | A♭7 | G | ‖ |

Chorus 3

>   F   G
> I'll always be hunting
>
> Asus4   Am G Fmaj7 Dm
> High and low,   only for you.
>
>   Am   A7 Dm B7 Em
> Watch me tearing myself to pie - ces.
>
> F   G Asus4   Am G Fmaj7 C/E Dm
> Hunting high and low,   high, _____
>
>   C   Em   Dm   Em
> There's no end to the lengths I'll go to; _____
>
>   F   G   Am   G
> Oh, ___ for you I'll be hunting high and low.

Coda

| F C/E Dm | A | ‖ |

I Don't Want To Talk About It

Words & Music by
Danny Whitten

Bm7   Bm7/E   A   D/A   D

E7   Amaj7   F#m   F#m/E   G   Em

Capo second fret

Intro | Bm7 | Bm7/E | A   D/A | A   ‖

Verse 1

       Bm7
I can tell by your eyes that you've

Bm7/E   **A   D/A   A**
Prob'ly been crying forever,

       Bm7
And the stars in the sky don't mean

Bm7/E   **A   D/A   A**
Nothing to you, they're a mirror.

Chorus 1

D   **E7**
I don't wanna   talk about it,

A   **Amaj7   F#m   F#m/E**
How you broke my heart.

D   **E7**
If I stay here just a little bit longer,

D   **E7**
If I stay here won't you listen

N.C.   Bm7
To my heart?

Bm7/E   A   D/A   A
Oh my   heart.

Verse 2

       Bm⁷   Bm⁷/E

If I stand all alone will the shadow

                         A

Hide the colours of my heart:

       D/A   A

Blue for the tears, black for the night's fears.

       Bm⁷   A

The stars in the sky don't mean

Bm⁷/E   A   D/A

Nothing to you, they're a mirror.

Chorus 2   As Chorus 1

Guitar solo | Bm⁷ | Bm⁷/E | A   D/A | A |

                | Bm⁷ | Bm⁷/E | A   D/A | A G F♯m Em ||

Chorus 3

     D   E⁷

     I don't wanna   talk about it,

     A   Amaj⁷   F♯m   F♯m/E

     How you broke this old heart. ____

     D   E⁷

     If I stay here just a little bit longer,

     D   E⁷

     If I stay here won't you listen

N.C.   Bm⁷ Bm⁷/E

To my heart? _____

           A   D/A A

Oh my   heart,

                 Bm⁷ Bm⁷/E

My poor old heart, ___

     A   D/A A

My heart.

I Love Rock N' Roll

Words & Music by
Alan Merrill & Jake Hooker

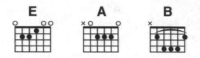

Intro | E | A B | E | A B | E N.C. | E   ‖

Verse 1
     E   N.C.   E
I saw him dancing there by the record machine,
            N.C.   B
I knew he must have been about seventeen.
     A   B   E   A
The beat was going strong playing my favourite song.

                                                  N.C.
And I could tell it wouldn't be long till he was with me, yeah me.

                                        B
And I could tell it wouldn't be long till he was with me, yeah me,

Singing:

Chorus 1
E
I love rock 'n' roll
   A   B
So put another dime in the juke-box, baby.
E
I love rock 'n' roll
   A   B   E   N.C. | E   ‖
So come on take your time and dance with me.

Verse2
       E   N.C.   E
He smiled so I got up and asked for his name,
            N.C.   B
"That don't matter," he said, " 'cause it's all the same."
     A   B   E   A
I said, "Can I take you home, where we can be alone?"
                                     N.C.
Next we were moving on and he was with me, yeah me,
                                    B
Next we were moving on and he was with me, yeah me, singing:

Chorus 2

    E
I love rock 'n' roll

    A   **B**
So put another dime in the juke-box, baby.

    E
I love rock 'n' roll

    A   **B**   **E** **N.C.**| **E**   ‖
So come on take your time and dance with me.

Guitar solo | **E** | **E** | **E** | **B** ‖

Verse 3

    A   **B**   **E**   **A**
I said, "Can I take you home, where we can be alone?"

                                        N.C.
Next we were moving on and he was with me, yeah me,

And we'll moving on and singing that same old song,

Yeah with me, singing:

Chorus 3

N.C.
I love rock 'n' roll

So put another dime in the juke-box, baby.

I love rock 'n' roll

So come on take your time and dance with me.

Chorus 4

    E
‖: I love rock 'n' roll

    A   **B**
So put another dime in the juke-box, baby.

    E
I love rock 'n' roll

    A   **B**
So come on take your time and dance with :‖ *Play 3 times*

Coda

    E
I love rock 'n' roll

    A   **B**
So put another dime in the juke-box, baby.

    E
I love rock 'n' roll

    A   **B**   **E**
So come on take your time and dance with me.

In Between Days

Words & Music by
Robert Smith

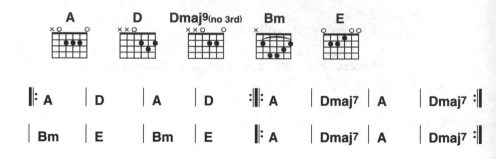

Intro   ‖: A | D | A | D :‖: A | Dmaj⁷ | A | Dmaj⁷ :‖

| Bm | E | Bm | E ‖: A | Dmaj⁷ | A | Dmaj⁷ :‖

Verse 1

A   Dmaj9
Yesterday I got so old

 A   Dmaj9
I felt like I could die;

A   Dmaj9
Yesterday I got so old

 A   Dmaj9
It made me want to cry.

  A   Dmaj9
Go on, go on, just walk away,

  A   Dmaj9
Go on, go on, your choice is made.

  A   Dmaj9
Go on, go on, and disappear.

          Dmaj9
Go on, go on, away from here.

Chorus 1

        Bm
And I know I was wrong

      E
When I said it was true

    Bm   E
That it couldn't be me and be her inbetween

        A   Dmaj9   A   Dmaj9
Without you, without you.

Link | A | Dmaj9 | A | Dmaj9 ‖

Verse 2

                A   **Dmaj**⁹
Yesterday I got so scared

 A   **Dmaj**⁹
I shivered like a child;

 A   **Dmaj**⁹
Yesterday away from you

  A   **Dmaj**⁹
It froze me deep inside.

    A   **Dmaj**⁹
Come back, come back, don't walk away.

    A   **Dmaj**⁹
Come back, come back, come back today.

    A   **Dmaj**⁹
Come back, come back, why can't you see.

    A   **Dmaj**⁹
Come back, come back, come back to me.

Chorus 2

     Bm
And I know I was wrong

      E
When I said it was true

    Bm   **E**
That it couldn't be me and be her inbetween

      A **Dmaj**⁹ **A** **Dmaj**⁹
Without you, without you,

      A **Dmaj**⁹ **A** **Dmaj**⁹
Without you, without you.

Coda   ‖: **A** | **Dmaj**⁹ | **A** | **Dmaj**⁹ :‖

          A **Dmaj**⁹ **A** **Dmaj**⁹
‖: Without you, without you.   :‖

69

It's My Life

Words & Music by
Mark Hollis & Tim Friese-Greene

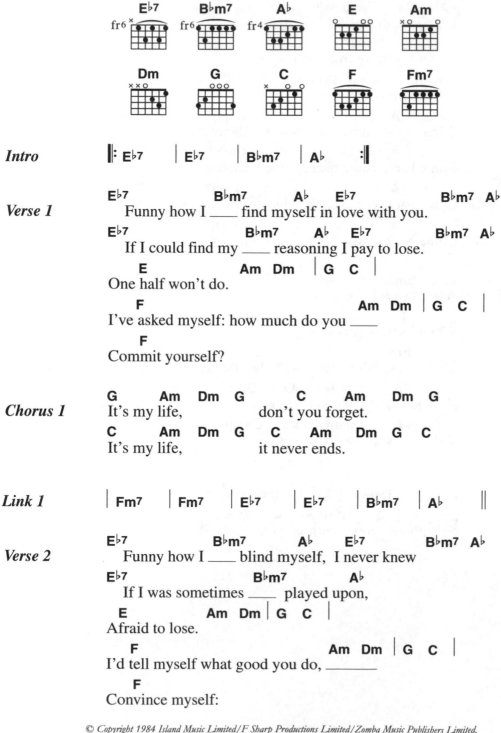

Intro

‖: E♭7 | E♭7 | B♭m7 | A♭ :‖

Verse 1

E♭7   B♭m7   A♭ E♭7   B♭m7 A♭
Funny how I ____ find myself in love with you.

E♭7   B♭m7   A♭ E♭7   B♭m7 A♭
If I could find my ____ reasoning I pay to lose.

     E   Am Dm | G C |
One half won't do.

     F   Am Dm | G C |
I've asked myself: how much do you ____

     F
Commit yourself?

Chorus 1

G   Am Dm G   C   Am   Dm G
It's my life,   don't you forget.

C   Am Dm G C Am Dm G C
It's my life,   it never ends.

Link 1

| Fm7 | Fm7 | E♭7 | E♭7 | B♭m7 | A♭ ‖

Verse 2

E♭7   B♭m7   A♭ E♭7   B♭m7 A♭
Funny how I ____ blind myself, I never knew

E♭7   B♭m7   A♭
If I was sometimes ____ played upon,

     E   Am Dm | G C |
Afraid to lose.

     F   Am Dm | G C |
I'd tell myself what good you do, _____

     F
Convince myself:

Chorus 2

   G Am Dm G   C   Am Dm G
   It's my life,   don't you forget.

   C Am Dm G C Am Dm G C
   It's my life,   it never ends.

Instrumental ‖: B♭m⁷ | B♭m⁷ | Fm⁷ | Fm⁷ :‖

        | B♭m⁷ | B♭m⁷ | Fm⁷ | E | Am Dm | G C ‖

Verse 3

      F
   I've asked myself:

        G Am Dm | G C |
   How much do you ____

       F
   Commit yourself?

Chorus 3

   G Am Dm G   C   Am Dm
   It's my life,   don't you forget.

   G C Am Dm G C Am Dm G
   Caught in the crowd,   it never ends.

Chorus 4

   C Am Dm G   C   Am Dm
   It's my life,   don't you forget.

   G C Am Dm G C Am
   Caught in the crowd,   it never ends.
                   Fade out

(Just Like) Starting Over

Words & Music by
John Lennon

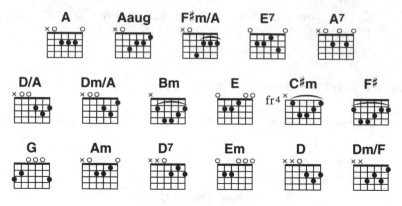

Intro

      A   Aaug F#m/A   Aaug
Our life together is so   precious together,

        A   E7   A   E7
We have grown,   we have grown. ____

            A   Aaug F#m/A
Although our love is still special,

A7   D/A   Dm/A A
Let's take a chance and fly away somewhere alone.

Verse 1

         A
It's been too long since we took the time,

     Aaug   Bm   E
No-one's to blame, I know time flies so quickly!

Bm   E
  But when I see you, darlin',

C#m   F#   Bm
  It's like we both are falling in love again.

      E   A Aaug A Aaug
It'll be just like starting over,   starting over.

Verse 2

      A
Ev'ryday we used to make it, love,
    Aaug   Bm   E
Why can't we be makin' love nice and easy?
Bm   E   C#m
   It's time to spread our wings and fly,
             F#   Bm
Don't let another day go by, my love.
        E   A   Aaug   A   G
It'll be just like starting over,   starting over.

Middle

   N.C.   Am
   Why don't we take off alone,
D7   G
   Take a trip somewhere far, far away?
Em   Am
   We'll be together all alone again,
D7   G
   Like we used to in the early days.
E
Well, well, darlin'.

Verse 3

      A
It's been too long since we took the time,
    Aaug   Bm   E
No-one's to blame, I know time flies so quickly.
Bm   E
   But when I see you, darlin',
C#m   F#   Bm
   It's like we both are falling in love again.
        E   A   Aaug   A   Aaug
It'll be just like starting over,   starting over.

Outro

       A   Aaug   F#m/A   Aaug
Our life together is so precious together,
        A   E7   A   E7
We have grown,   we have grown.
          A   Aaug   F#m/A
Although our love is still special,
A7   D   Dm/F
Let's take a chance and fly away somewhere.

‖: A | Aaug | A | Aaug :‖   *Repeat to fade*
                                                   with vocal ad lib.

The Killing Moon

Words & Music by
Ian McCulloch, Will Sergeant, Les Pattinson & Pete De Freitas

Bm   **Bm/A**   **G**   **Em**   **C**   **Cm**

Intro   ‖: Bm | Bm/A | G | G :‖

| Em | Em | C | C ‖

Verse 1

    Em   C
Under blue moon I saw you, so soon you'll take me
    Em
Up in your arms.

                          C
Too late to beg you or cancel it though I know it must be
    Em   C
The killing time, unwillingly mine.

Chorus 1

  G Cm   G   Cm
Fate   up against your will
                      G   Cm
Through the thick and thin.
              G Cm
He will wait until
                 G   Cm
You give yourself to him. _____

Link 1 | Em | Em | C | C ‖

Verse 2

    Em   C
In starlit nights I saw you, so cruelly you kissed me.
        Em
Your lips a magic world,
      C
Your sky all hung with jewels.
      Em   C
The killing moon, will come too soon.

| *Chorus 2* | As Chorus 1 |

Guitar solo   𝄆 **Bm** | **Bm/A** | **G** **Em** | **Em** 𝄇 *Play 3 times*

| **Bm** | **Bm/A** | **G** **D** | **D** 𝄆

Link 2 | **Em** | **Em** | **C** | **C** 𝄆

| *Verse 3* | As Verse 1 |

| *Chorus 3* | As Chorus 1 |

Chorus 4

    G   **Cm**   **G**   **Cm**
Fate   up against your   will

             G   **Cm**
Through the thick and thin.

          G   **Cm**
He will wait un - til

            G   **Cm**
You give yourself to   him

            G   **Cm**
You give yourself to him. ___

Link 3   𝄆 **G** | **Cm** | **G** | **Cm** 𝄇 *Play 3 times*
       With vocal ad lib.

| *Chorus 5* | As Chorus 4 |

Link 4   𝄆 **G** | **Cm** | **G** | **Cm** 𝄇 **G** | **Cm** 𝄆
       With vocal ad lib.

Chorus 6

    G   **Cm**   **G**   **Cm**
𝄆 Fate   up against your will

             G   **Cm**
Through the thick and thin.

          G   **Cm**
He will wait until

           G **Cm**   **G**   **Cm**
You give your - self to   him.   𝄇 *repeat to fade*

Kiss

Words & Music by
Prince

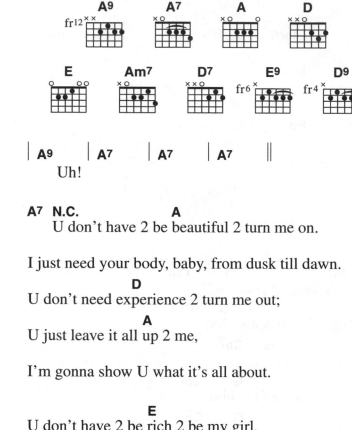

Intro | A9 | A7 | A7 | A7 ||
    Uh!

Verse 1
A7 N.C.   A
    U don't have 2 be beautiful 2 turn me on.

I just need your body, baby, from dusk till dawn.
                        D
U don't need experience 2 turn me out;
                    A
U just leave it all up 2 me,

I'm gonna show U what it's all about.

Chorus 1
                        E
U don't have 2 be rich 2 be my girl,
                        D
U don't have 2 be cool 2 rule my world;
                        E
Ain't no particular sign I'm more compatible with,
            D   A9   N.C.
I just want your extra time and your _____ kiss!

Link 1 | A7 | A7 | A7 ||

Verse 2

A⁷　N.C.　　　　　A
　　　U got 2 not talk dirty, baby, if U wanna impress me.

U can't be 2 flirty, mama, I know how 2 undress me, yeah.

　　　　　　　　　　D
I want 2 be your fantasy, maybe U could be mine.

　　　　　　　　A
U just leave it all up 2 me, we could have a good time.

Chorus 2　　　As Chorus 1

Link 2　　　| A⁷　　| A⁷　　| A⁷　　||

Bridge

A⁷　　　　N.C.
　　　Ah, I think I wanna dance.

‖: Am⁷　　:‖　*Play 7 times*

Am⁷　　　　　　　　　　D⁷　| D⁷　　| D⁷　　|
Little girl Wendy's parade.

D⁷　　　　　　A⁷
　　Gotta, gotta, got to.

| A⁷　　| A⁷　　| A⁷　　||

Verse 3

N.C.　　　　　　　　Am⁷
Women, not girls, rule my world, I said they rule my world:

Act your age, mama, not your shoe size, maybe we could do the twirl.

　　　　　　　　　　　D⁷
U don't have 2 watch Dynasty 2 have an attitude.

　　　　　　　　Am⁷
U just leave it all up 2 me, my love will be your food, yeah.

Chorus 3

　　　　　　　　　　　E⁹
U don't have 2 be rich 2 be my girl,

　　　　　　　　D⁹
U don't have 2 be cool 2 rule my world;

　　　　　　　　E⁹
Ain't no particular sign I'm more compatible with,

　　　　　　D⁹　　　　　　　　A⁹　N.C.
I just want your extra time and your _____ kiss!

Coda　　　| Am⁷　| Am⁷　| Am⁷　||
　　　　　　　　　　Fade out

77

Let's Dance

Words & Music by
David Bowie

D7   **A7sus4**   **Am6**   **F**   **Am7**

G   **C**   **D**   **D/C**   **Em**

Capo first fret

Intro

        D7
Ah, ____ ah, ____ ah, ____ ah. ____

| **A7sus4** | **(A7sus4)** | **Am6** | **(Am6)** |

| **F** | **(F)** | **Am7** | **(Am7)** ‖

Verse 1

        A7sus4   **Am6**
(Let's dance,) put on your red shoes and   dance the blues.
        F   **Am7**
(Let's dance) to the song they're playin' on the radio.
        A7sus4   **Am6**
(Let's sway,) while colour lights up your face.
        F   **Am7**
(Let's sway,) sway through the crowd to an empty space.

Chorus 1

    G   **C**   **D**   **C D**
   If you say run, I'll run with you;
G   **C**   **D/C**   **C D/C**
   If you say hide, we'll hide.
   G   **Em**   **C**   **D7**
Because my love for you would break my heart in two.

If you should fall into my arms and tremble like a (flower.)

Link 1

| **A7sus4** | **(A7sus4)** | **Am6** | **(Am6)** |
flower.

| **F** | **(F)** | **Am7** | **(Am7)** ‖
(Let's dance)

Verse 2

      A^{7}sus^4   **Am^6**
(Let's dance,) for fear your grace should fall.
      F   **Am^7**
(Let's dance,) for fear tonight is all.
      A^{7}sus^4   **Am^6**
(Let's sway,) you could look into my eyes
      F   **Am^7**
(Let's sway,) under the moonlight, this serious moonlight.

Chorus 2   As Chorus 1

Link 2 | **A^{7}sus^4** | **A^{7}sus^4** | **Am^6** | **Am^6** |
                  flow - - - - er

      | **F** | **(F)** | **Am^7** | **Am^7** ‖

Verse 3

      A^{7}sus^4   **Am^6**
(Let's dance,) put on your red shoes and dance the blues.
      F   **Am^7**
(Let's sway,) under the moonlight, the serious moonlight.

Coda/
Guitar solo   ‖: **A^{7}sus^4** | **(A^{7}sus^4)** | **Am^6** | **(Am^6)** |

      | **F** | **(F)** | **Am^7** | **Am^7** :‖ *Repeat to fade*
                                                           with vocal ad libs.

Love Like Blood

Words & Music by
Jaz Coleman, Kevin Walker, Paul Raven & Paul Ferguson

Gm7   Cm   Gm   F   D5maj7

D5   F/E♭   Dm   F/C   G9   Fsus2

Intro

Gm7 ‖: Cm │ Cm │ Gm │ Gm Gm7 :‖

│ Cm │ Cm F │ Gm │ Gm Gm7 ‖

Verse 1

Cm   F Gm   Gm7
 We must play our lives like soldiers in the field

Cm   F   Gm   Gm7
 But life is short, I'm running faster all the time.

Cm   F Gm   Gm7
 Strength and beauty destined to decay,

Cm   F   Gm Gm7
 So cut the rose in full bloom.

Link 1

│ D5maj7 │ D5 │ D5 │ D5 ‖

Chorus 1

F   F/E♭   Dm
 'Til the fearless come and the act is done,

     F/C   G9
A love like blood, a love like blood.

F   F/E♭   Dm
 'Til the fearless come and the act is done,

     F/C   G9
A love like blood, a love like blood.

Link 2

‖: Cm │ Cm F │ Gm │ Gm Gm7 :‖

Verse 2

| Cm | | F | Gm | Gm7 |

Everyday, through all frustration and despair,

| Cm | | F | Gm | Gm7 |

Love and hate fight with burning hearts

| Cm | | F | Gm | Gm7 |

'Til legends live and each man is god again

| Cm | | F | Gm | Gm7 |

And self-preservation rules the day no more.

Verse 3

| Cm | | F | Gm | Gm7 |

We must dream of promised lands and fields

| Cm | F | Gm | Gm7 |

That never fade in season.

| Cm | | F | Gm | Gm7 |

As we move towards no end we learn to die.

| Cm | F | Gm | Gm7 |

Red tears are shed on grey.

Link 3 | D5maj7 | D5 | D5 | D5 ||

Chorus 2

F   F/E♭   Dm

'Til the fearless come and the act is done,

        F/C   G9

A love like blood, a love like blood.

F   F/E♭   Dm

'Til the fearless come and the act is done,

        F/C   G9

A love like blood, a love like blood.

Instrumental ‖: D5 | D5   D5maj7 | D5 | D5   Fsus2 :‖

| D5   D5maj7 | D5   Fsus2 | D5   D5maj7 | D5   Fsus2 ||

Chorus 3

F   F/E♭   Dm

'Til the fearless come and the act is done,

        F/C   G9

A love like blood, a love like blood.

F   F/E♭   Dm

'Til the fearless come and the act is done,

        F/C

A love like blood.

Fade out

Love Will Tear Us Apart

Words & Music by
Ian Curtis, Peter Hook, Bernard Sumner & Stephen Morris

A5	Em/A	Emadd11	D

Bm	A	Dsus4	Dsus2

Intro

| A5 | A5 | Em/A | Em/A |

| Em/A | Em/A | Em/A | Em/A |

‖: Emadd11 | D | Bm | A :‖

Verse 1

Emadd11   D
When routine bites hard,

    Bm   A
And ambitions are low

    Emadd11   D
And resentment rides high

    Bm   A
But emotions won't grow.

    Emadd11   D
And we're changing our ways,

    Bm   A
Taking different roads.

Chorus 1

    Emadd11 D   Bm A
Then love,   love will tear us apart again.

Emadd11 D   Bm A
Love,   love will tear us apart again.

Link 1

| Emadd11 | D | Bm | A ‖

Verse 2

Emadd¹¹   **D**
Why is the bedroom so cold?
     Bm   **A**
You've turned away on your side.
    Emadd¹¹   **D**
Is my timing that flawed,
   Bm   **A**
Our respect run so dry?
   Emadd¹¹   **D**
Yet there's still this appeal
   Bm   **A**
That we've kept through our lives.

Chorus 2

Emadd¹¹ D   **Bm**   **A**
Love,   love will tear us apart again.
Emadd¹¹ D   **Bm**   **A**
Love,   love will tear us apart again.

Link 2

‖: **Em/A** | **Em/A** | **Em/A** | **Em/A** :‖

‖: **Emadd¹¹** | **D** | **Bm** | **Em/A** :‖

Verse 3

   Emadd¹¹   **D**
You cry out in your sleep,
   Bm   **A**
All my failings exposed.
    Emadd¹¹   **D**
There's a taste in my mouth
   Bm   **A**
As desperation takes hold.
    Emadd¹¹   **D**
Just that something so good
   Bm   **A**
Just can't function no more.

Chorus 3   As Chorus 2

Chorus 4   As Chorus 2

Link 3   ‖: **Em/A** | **Em/A** | **Em/A** | **Em/A** ‖

Outro   ‖: **D Dsus⁴ D** | **D Dsus²** :‖   *Repeat to fade*

Made Of Stone

Words & Music by
John Squire & Ian Brown

Em7 fr7 **Em6** fr7 **Cmaj7/E** fr7 ***Em** fr7 **Em** **D** **C** **B** **G**

Intro   ‖: Em7 | Em6 | Cmaj7/E | *Em :‖

Verse 1

Em   D
Your knuckles whiten on the wheel,

                                       C
The last thing that your hands will feel,

                                    B
Your final flight can't be delayed.

Em   D
No earth, just sky it's so serene,

                                    C
Your pink fat lips let go a scream,

                                    B
You fry and melt, I love the scene.

Chorus 1

                  G   D   C
Sometimes I fantasize when the streets are cold and lonely

                  G
And the cars they burn below me.

                                          D   C
Don't these times fill your eyes when the streets are cold and lonely

                  G
And the cars they burn below me,

                  D   Em
Are you alone, is anybody home?

Link | Em | Em | D | D |

| C | C | B | B ‖

Verse 2

    Em   **D**
I'm standing warm against the cold,

                                 C
Now that the flames have taken hold

                          B
At least you left your life in style.

Em   **D**
And for as far as I can see,

                            C
Ten twisted grilles grin back at me,

                       B
Bad money dies, I love the scene.

Chorus 2   As Chorus 1

Solo

‖: **Em** | **Em** | **D** | **D** | |

| **C** | **C** | **B** | **B** :‖   *Play 3 times*

Chorus 3

              G   **D**   **C**
Sometimes I fantasize when the streets are cold and lonely

          G
And the cars they burn below me.

                          D   **C**
Don't these times fill your eyes when the streets are cold and lonely.

          G
And the cars they burn below me,

          D   **Em**
Are you alone, are you made of stone?

Outro   ‖: **Em⁷** | **Em⁶** | **Cmaj⁷/E** | ***Em** :‖

Manic Monday

Words & Music by
Prince

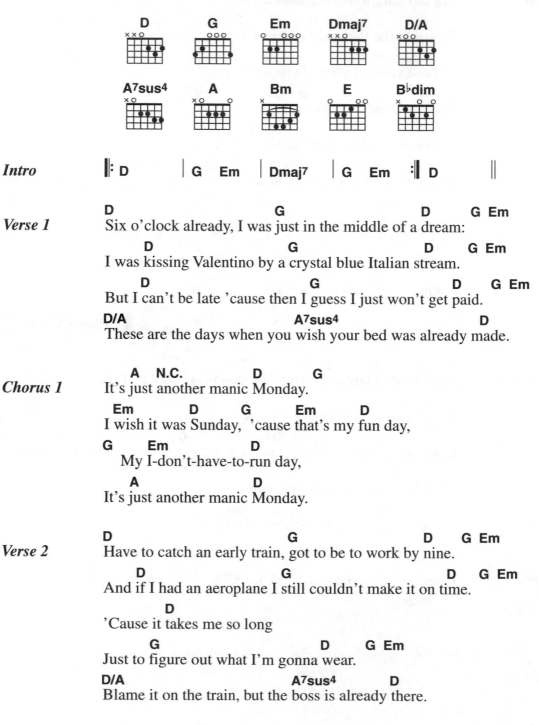

Intro   ‖: D | G   Em | Dmaj7 | G   Em   :‖ D   ‖

Verse 1

    D   G   D   G Em
Six o'clock already, I was just in the middle of a dream:

          D   G   D   G Em
I was kissing Valentino by a crystal blue Italian stream.

          D   G   D   G Em
But I can't be late 'cause then I guess I just won't get paid.

D/A   A7sus4   D
These are the days when you wish your bed was already made.

Chorus 1

        A N.C.   D   G
It's just another manic Monday.

      Em   D   G   Em   D
I wish it was Sunday, 'cause that's my fun day,

G   Em   D
   My I-don't-have-to-run day,

      A   D
It's just another manic Monday.

Verse 2

D   G   D   G Em
Have to catch an early train, got to be to work by nine.

       D   G   D   G Em
And if I had an aeroplane I still couldn't make it on time.

          D
'Cause it takes me so long

        G   D   G Em
Just to figure out what I'm gonna wear.

D/A   A7sus4   D
Blame it on the train, but the boss is already there.

Chorus 2

      A   N.C.   D   G
It's just another manic Monday.

      Em   D   G   Em   D
I wish it was Sunday, 'cause that's my fun day,

G   Em   D
   My I-don't-have-to-run day,

     A   D
It's just another manic Monday.

Bridge

              Bm   E
Of all my nights why did my lover have to pick last night

To get down?

G   A
Doesn't it matter that I have to feed the both of us?

   Bm
Employment's down.

    G   E
He tells me in his bedroom voice,

      A⁷sus⁴   A
"C'mon honey, let's go make some noise."

(B♭dim)   (A⁷sus⁴)
Time it goes so fast   when you're having fun.

Chorus 3

     (A) N.C.   D   G
It's just another manic Monday.

     Em   D   G   Em   D
I wish it was Sunday 'cause that's my fun day,

G   Em   D
   My I-don't-have-to-run day.

    G   A   D   G
It's just another manic Monday.

    Em   D   G   Em   D
I wish it was Sunday 'cause that's my fun day.

    G   A   D
It's just another manic Monday.

Martha's Harbour

Words & Music by
Julianne Regan, Tim Bricheno & Andrew Cousin

Amadd⁹ **Fmaj⁷/♯11** **G⁶** **Em⁷** **Aadd⁹**

Amaj⁹ **Am⁹** **Dsus²** **Dsus²/F♯** **Dm¹³** **E⁷**

Tune guitar down a tone

Intro

‖: Am add⁹ | Fmaj⁷/♯11 | Am add⁹ | Fmaj⁷/♯11 | G⁶ | Em⁷ :‖

Verse 1

Am add⁹   Fmaj⁷/♯11   Am add⁹   Fmaj⁷/♯11
   I sit by the harbour,

 G⁶   Em⁷
The sea calls to me.

Am add⁹   Fmaj⁷/♯11   Am add⁹   Fmaj⁷/♯11
   I hide in the water

 G⁶   Em⁷
But I need to breathe.

Chorus 1

Aadd⁹   Amaj⁹   Am⁹
   You are an ocean wave, my love,

Dsus² Dsus²/F♯ Dsus² Aadd⁹
Crashing at   the bow.

    Amaj⁹   Am⁹
I am a galley slave, my love.

 Dsus² Dsus²/F♯ Dsus² Dm¹³   E⁷ Am add⁹
If only I   could find out the way to sail you.

    Dm¹³ Em⁷
Maybe I'll just stow away. ____

Link

| Am add⁹ | Fmaj⁷/♯11 | Am add⁹ | Fmaj⁷/♯11 | G⁶ | Em⁷ ‖

Verse 2

Am add9 Fmaj7/#11 Am add9 Fmaj7/#11
    I've been run aground,

G6   Em7
So sad for a sailor.

Am add9 Fmaj7/#11   Am add9 Fmaj7/#11
    I felt safe and sound

G6   Em7
But needed the danger.

Chorus 2

A add9   Amaj9   Am9
    You are an ocean wave, my love,

Dsus2 Dsus2/F# Dsus2 A add9
Crashing at   the   bow.

    Amaj9   Am9
I am a galley slave, my love.

   Dsus2 Dsus2/F# Dsus2 Dm13   E7   Am add9
If only   I   could find out the way to sail you.

      Dm13   E7
Maybe I'll just stow away. ____

Chorus 3

A add9   Amaj9   Am9
    You are an ocean wave, my love,

Dsus2 Dsus2/F# Dsus2 A add9
Crashing at   the   bow.

    Amaj9   Am9
I am a galley slave, my love.

   Dsus2 Dsus2/F# Dsus2 Dm13   E7   Am add9
If only   I   could find out the way to sail you.

      Dm13   Em7
Maybe I'll just stow away. ____

Outro

| Am add9 | Fmaj7/#11 | Am add9 | Fmaj7/#11 | Am add9 |
Stow a - way,

| Fmaj7/#11 | Am add9 | Fmaj7/#11 | Am add9 ‖
Stow a - way.

Need You Tonight

Words & Music by
Andrew Farriss & Michael Hutchence

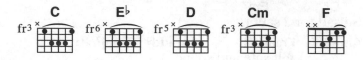

Intro
Whispered

|N.C. |C |E♭ D Cm |C |E♭ D Cm |C   ‖

Come over here.

Verse 1

   (F)   (Cm)
    All you've got is this moment,
   (F)   (Cm)
    Twenty-first century's yesterday.
   (F)   (Cm)
    You can care all you want, __
   (F)   (Cm)   (F)
    Everybody does, yeah, that's okay.

Bridge 1

     C
So slide over here
     E♭ D   Cm
And give me the moment.
     C
Your moves are so raw,
     E♭ D   Cm
I've got to let you know,
     C   E♭ D
I've got to let you know
Cm   C |E♭ D Cm ‖
You're one of my kind. __

Chorus 1

(Cm) (F)   (Cm)
       I need you tonight __
(F)   (Cm)
    'Cause I'm not sleeping.
(F)   (Cm)
    There's something about you, girl,
(F)   (Cm)
    That makes me sweat.

	Cm F

cont.
    Cm   **F**
So how do you feel? I'm lonely.

    Cm   **F**
What do you think? Can't think at all.

    Cm   **F**
Whatcha gonna do? Gonna live my life.

Bridge 2   As Bridge 1

         (Cm) **(F)**   **(Cm)**

Chorus 2   I need you tonight

    (F)   **(Cm)**
    'Cause I'm not sleeping.

    (F)   **(Cm)**
    There's something about you, girl,

    (F)   **(Cm)**   **(F)**
    That makes me sweat.

         (Cm)   **(F)**

Chorus 3   ‖: So how do you feel? I'm lonely.

    (Cm)   **(F)**
What do you think? Can't think at all.

    (Cm)   **(F)**
Whatcha gonna do? Gonna live my life. :‖

        (Cm)

Coda   So slide over here

      (F)
And give me a moment.

      (Cm)
Your moves are so raw,

       (F)
I've got to let you know,

       E♭   **D**   **Cm**
I've got to let you know.

      (Cm)
So slide over here

      (F)
And give me a moment.

      (Cm)
I've got to let you know,

N.C.
I've got to let you know

You're one of my kind.

A New England

Words & Music by
Billy Bragg

C	G/C	F/C	G	Am	F	C/E

Fmaj7	Fmaj7sus2	C/B	E	B♭	E♭	B♭/D

D	A	Bm	D/F♯	Gadd9	D/C♯	F♯

Intro

| C | C | C | C |

| C | C | C G/C | G/C |

| F/C C | C |

Verse 1

        C
I was twenty-one years when I wrote this song,

       G   **Am**
I'm twenty-two now but I won't be for long.

F   **C/E**
People ask me, "When will I grow up to understand

          G   **Fmaj7**   **C**
Why the girls I knew at school are already pushing prams?"

Verse 2

      C
I loved you then as I love you still,

           G   **Am**
'Though I put you on a pedestal, you put me on the pill.

 F   **C/E**
I don't feel bad about letting you go,

 G   **Fmaj7**   **Fmaj7sus2**
I just feel sad about letting you know.

    F   **C**
    I don't want to change the world,

               C/B   **Am**
I'm not looking for a new England,

              F   **E** **G**
Are you looking for another girl?

    F   **C**
    I don't want to change the world,

               C/B   **Am**
I'm not looking for a new England,

              F   **C** **G/C**
Are you looking for another girl?

    | **G/C** | **F/C** **C** | **C**   ‖

Verse 3

    C
I loved the words you wrote to me

      G   **Am**
But that was bloody yesterday.

     F   **C/E**
I can't survive on what you send

G   **Fmaj7**   **C**
Every time you need a friend.

Verse 4

    C
I saw two shooting stars last night,

     G   **Am**
I wished on them but they were only satellites.

      F   **C/E**
It's wrong to wish on space hardware,

    G   **Fmaj7**   **Fmaj7sus2**
I wish, I wish, I wish you'd care.

Chorus 2

    F   **C**
    I don't want to change the world,

               C/B   **Am**
I'm not looking for a new England,

              F   **E** **G**
Are you looking for another girl?__

    F   **C**
    I don't want to change the world,

               C/B   **Am**
I'm not looking for a new England,

              F   **B♭**
Are you looking for another girl?

Instrumental ‖: (B♭) | E♭ | B♭ | E♭ :‖ *Play 3 times*

| B♭/D | B♭/D ‖

Verse 5

    D
My dreams were full of strange ideas,
   A   Bm
My mind was set despite my fears.
   G   D/F#
But other things got in the way,
   A   Gadd9 D
I never asked that boy to stay.

Verse 6

D
Once upon a time at home
 A   Bm
I sat beside the telephone,
G   D/F#
Waiting for someone to pull me through,
        A   G   Gadd9
When at last it didn't ring I knew it wasn't you.

Chorus 3

G   D
  I don't want to change the world,
            D/C#   Bm
I'm not looking for a new England,
        G   F# A
Are you looking for another girl?
G   D
  I don't want to change the world,
            D/C#   Bm
I'm not looking for a new England,
        G
Are you looking for another?
Gadd9   D
  I don't want to change the world,
            D/C#   Bm
I'm not looking for a new England,
        G   D
Are you looking for another girl?
G   D
  Looking for another girl?
G   D
  Looking for another girl?
G   D G D G
  Looking for another girl?_____

   D   G   D   G
‖: Girl?____   :‖   *Repeat to fade*

One

Words & Music by
James Hetfield & Lars Ulrich

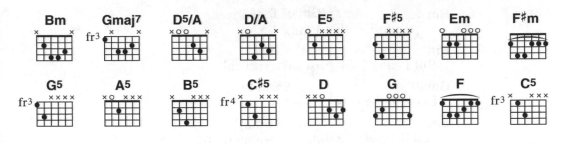

Intro   (Bm) Ad lib.

Verse 1

    Bm   **Gmaj⁷**
    I can't remember anything,

    Bm   **Gmaj⁷ D5/A**
    Can't tell if this is true or dream.

    Bm   **D/A**
    Deep down inside I feel to scream,

    Gmaj⁷   **E5**   **F♯5**
    This terrible silence stops me.

    Bm   **Gmaj⁷**
    Now that the war is through with me,

    Bm   **Gmaj⁷ D5/A**
    I'm waking up I cannot see

    Bm   **D/A**
    That there's not much left to me.

    Gmaj⁷   **E5** **F♯5**
    Nothing is real but pain now!

G5 **A5** **B5**   **A5** **G5** **F♯5** **B5**   **A5** **B5** **C♯5**
Hold my breath as   I   wish for death,

B5 **A5**   **D**
Oh please God wake me!

Link 1   ‖: (D) | G | F | Em   :‖

Verse 2

Bm   **Gmaj7**
Back in the womb it's much too real,

Bm   **Gmaj7 D5/A**
In pumps life that I must feel,

Bm   **D/A**
But I can't look forward to reveal,

Gmaj7   **E5 F♯5**
Look to the time when I'll live.

Bm   **Gmaj7**
Fed through the tube that sticks in me,

Bm   **Gmaj7 D5/A**
Just like a wartime novel - ty,

Bm   **D/A**
Tied to machines that make me be,

Gmaj7   **E5 F♯5**
Cut this life off from me!

G5 **A5** **B5** **A5 G5 F♯5** **B5** **A5 B5 C♯5**
Hold my breath as I   wish for death,

B5 A5   **D**
Oh please God wake me!

Link 2   ‖: (D) | G | F | Em :‖ *Play 4 times*

Bridge

G5 **A5** **B5** **A5 G5**
Now the world is   gone,

F♯5 **B5** **A5 B5 C♯5**
I'm just one.

B5 **A5** **B5** **C♯5**
Oh God help me.

G5 **A5** **B5** **A5 G5 F♯5** **B5** **A5 B5 C♯5**
Hold my breath as I   wish for death,

B5 A5 **B5** **C♯5 G5** **A5 B5 A5 G5 F♯5 B5**
Oh please God, help me!

Instrumental ‖: A5 | G5 | B5 | C5 :‖ *Play 4 times*

       ‖: C5 | D5 | B5 | C5 :‖

       | C5 | C5 ‖ E5 | E5 | E5 |

       | E5 F5 | E5 F5 | E5 F5 | E5 F5 | E5 F5 ‖

Middle

E5
Darkness imprisoning me,

                              F5
All that I see, absolute horror!

E5
I cannot live! I cannot die!

                                    F5 E5
Trapped in myself, body, my holding cell!

(E5)
Landmine has taken my sight,

                                F5
Taken my speech, taken my hearing,

E5
Taken my arms, taken my legs,

                                F5 E5
Taken my soul, left me with life in hell!

Solo   ‖: (E5) | E5   F5 | E5 | E5   F5 | E5 | E5   F5 |

| E5 | E5   F5 | E5 | E5 | E5 :‖

Repeat ad lib. to fade

97

Oh Yeah

Words & Music by
Bryan Ferry

G   C   D   F   Dm   Gsus4   B♭sus2

Intro   ‖: G | C | G | C   :‖

Verse 1
G   C   G   C
Some expression in your eyes
G   C   G   C
Overtook me by surprise.
D   C   G   C G C
Where was I, how was I to know? ____ Oh. ____
F   Dm   G
How can we drive to a movie show
              F   Dm   G
When the music is here in my car?

Chorus 1
               C   F   Gsus4   G
There's a band playing on the radio
               C   F   Gsus4   G
With a rhythm of rhyming guitars.
               C   F   Gsus4 | B♭sus2 | B♭sus2 ‖
They're playing 'Oh Yeah' on the radio, oh. ____

Verse 2
G   C   G   C
And so it came to be our song,
G   C   G   C
And so on through all summer long
D   C   G   C G C
Day and night drifting into love, ____ oh. ____
F   Dm   G
Driving you home from a movie show
              F   Dm   G
So in tune to the sounds in my car.

Chorus 2

              C   F   Gsus4   G
There's a band playing   on the radio
                 C   F   Gsus4   G
With a rhythm of rhyming guitars.
                  C   F   Gsus4   B♭sus2 | B♭sus2 |
They're playing 'Oh Yeah' on the radio, oh, ____ oh. ____

Guitar solo | G | C | G | C | G | C | G | C   ‖

Verse 3

G   C   G   C
   It's some time since we said goodbye
G   C   G   C
   And now we lead our separate lives,
    D   C   G   C G   C
But where am I,   where can I go? ____ Oh. ____
F   Dm   G
Driving alone to a movie show
    F   Dm   G
So I turn to the sounds in my car.

Chorus 3

                  C   F   Gsus4   G
There's a band playing   on the radio
                 C   F   Gsus4   G
With a rhythm of rhyming guitars.
                  C   F   Gsus4   G
There's a band playing   on the radio
                  C   F   Gsus4   G
And it's drowning the sound of my tears.
                  C   F   Gsus4
They're playing 'Oh Yeah' on the radio.

Coda   ‖: Oh, ____ oh. ____ Oh, ____ oh. ____ :‖ Oh, _____ ‖

          B♭sus2 F   B♭sus2 F   B♭sus2

Perfect

Words & Music by
Mark E. Nevin

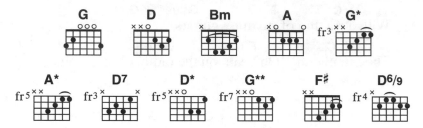

Verse 1

N.C.　　(G)　　　　　　　　　(D)
I don't want half-hearted love affairs,
　　　　　(G)　　　　　(D)
I need someone who really cares.
　　　　　　(G)　　　　　　　(Bm)
Life is too　short to play silly games,
　　　　　　　　　(G)　(A)　　　　　　D　G* A* D
I've promised myself　　I won't do that again.

Chorus 1

　　　　D7　　G*　　　A* D*　　　G** D*
It's got to be ___　　　perfect,
　　　　D7　　G*　　　A* D*　　　G** 　D*
It's got to be ___　　　worth it, yeah.
　　　D7　　G*　　　　　　　　　F♯
Too many people take second best
　　Bm　　　　　A　　　　　G
But I won't take anything less
　　　　G*　　A* G*　　D
It's got to be, yeah,　per - fect.

Verse 2

N.C.　　　　　　(G)　　　　　　　　　　(D)
Young hearts are foolish, they make such mistakes;
　　　　　　　　(G)　　　　　　　　(D)
They're much too eager to give their love away.
　　　　　　　(G)　　　　　(Bm)
Well I have been　foolish too many times
　　　　　　(G)　　　(A)　　　　　　D　G* A* D
Now I'm determined　I'm gonna get it right.

Chorus 2
    D7   **G***   **A*** **D***   **G**** **D***
It's got to be __ perfect,
    D7   **G***   **A*** **D***   **G**** **D***
It's got to be __ worth it, yeah.
     D7   **G***   **F♯**
Too many people take second best
     Bm   **A**   **G**
But I won't take anything less
          G* **A*** **G*** **D**
It's got to be, yeah, per - fect.

Solo   ‖: **G*** | **G*** | **D*** **G**** | **D*** **G**** **D*** :‖
      | **G** | **G** | **Bm** | **Bm** | **G*** | **A*** | **D*** **G*** | **D** ‖

Verse 3
   N.C.   **(G)**   **(D)**
Young hearts are foolish, they make such mistakes;
               (G)   **(D)**
They're much too eager to give their love away.
          (G)   **(Bm)**
Well I have been foolish too many times
        (G)   **(A)**   **D** **G*** **A*** **D**
Now I'm determined I'm gonna get it right.

Chorus 3
    D7   **G***   **A*** **D***   **G**** **D***
It's got to be __ perfect,
    D7   **G***   **A*** **D***   **G****   **D***
It's got to be __ worth it, yeah.
     D7   **G***   **F♯**
Too many people take second best
   Bm   **A**   **G**
But I won't take anything less.
         G* **A*** **G*** **D**
It's got to be, yeah, per - fect,
  D7   **G***   **A*** **G***   **D**
It's got to be, _____ yeah, worth _____ it.
  D7   **G***   **A***   **G*** **D6/9**
It's got to be, _____ per - fect.

Pale Shelter

Words & Music by
Roland Orzabal

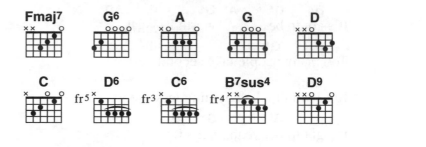

Intro   Sound effects ‖: Fmaj⁷ | Fmaj⁷ | G⁶ | G⁶ ‖: A G | D C :‖

Play 3 times

| A G | D⁶ | C⁶ | B⁷sus⁴ | B⁷sus⁴ ‖

Verse 1

Fmaj⁷
How can I be sure

　　G⁶
When your intrusion's my illusion?

Fmaj⁷
How can I be sure

　　G⁶
When all the time you changed my mind?

　Fmaj⁷
I asked for more and more.

D⁹
How can I be sure…

Chorus 1

　　　　　　　　A
When you don't give me love,

　　G　　　　**D**
You give me pale shelter;

C　　　　　**A**
You don't give me love,

　　G　　　　**D**
You give me cold hands.

　　　　C　　**A**　**G**　**D**
And I can't operate on   this failure

　　　　C　　　**A**　　**G**
When all I want to be is ＿＿＿

　　D⁶　　　　　　　　**C⁶**　**B⁷sus⁴**
Completely in command. ＿＿＿＿＿＿

Verse 2

Fmaj⁷
How can I be sure?

    G⁶
For all you say you keep me waiting.

Fmaj⁷
How can I be sure

      G⁶
When all you do is see me through?

  Fmaj⁷
I asked for more and more.

D⁹
How can I be sure?

Chorus 2

                           A
When you don't give me love,

     G   **D**
You give me pale shelter;

C   **A**
You don't give me love,

     G   **D**
You give me cold hands.

       C   **A**   **G**   **D**
And I can't operate on   this failure

        C   **A**   **G**
When all I want to be is ____

    D⁶   **C⁶** **B⁷sus⁴**
Completely in command. _____

Link

‖: **Fmaj⁷** | **Fmaj⁷** | **G⁶** | **G⁶**   :‖

Verse 3

Fmaj⁷
I've been here before;

    G⁶
There is no why, no need to try.

  Fmaj⁷
I thought you had it all;

    G⁶
I'm calling you, I'm calling you.

  Fmaj⁷
I ask for more and more.

D⁹
How can I be sure…

Chorus 3

                     A
When you don't give me love,
      G   D
You give me pale shelter;
C   A
You don't give me love,
      G   D
You give me cold hands.
         C   A   G   D
And I can't operate on   this failure
           C   A   G
When all I want to be is ____
         D^6
Completely in command,
         C^6 B^7sus^4
Completely in command _____

Instrumental | **Fmaj⁷** | **Fmaj⁷** | **D⁹** | **D⁹** | **C** | **C** |

                  | **G⁶** | **G⁶** ||
                              You don't give me

Coda

Fmaj⁷   **D⁹**
Love, you don't give me love,
  | **C** | **C** | **G⁶** | **G⁶** |
                            You don't give me

Fmaj⁷   **D⁹**
Love, you don't give me love,
  | **C** | **C** | **G⁶** | **G⁶** |
                            You don't give me

Fmaj⁷   **D⁹**
Love, you don't give me love,
  | **C** | **C** | **G⁶** | **G⁶** | **Fmaj⁷** ||

The Power Of Love

Words & Music by
Holly Johnson, Mark O'Toole, Peter Gill & Brian Nash

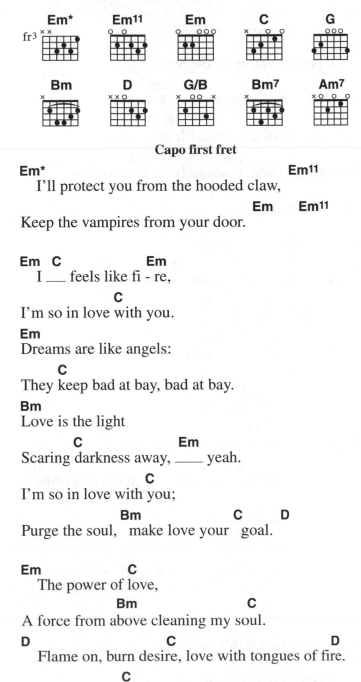

Capo first fret

Intro
(spoken)

    Em*   **Em11**
I'll protect you from the hooded claw,

                                    Em   **Em11**
Keep the vampires from your door.

Verse 1

    Em **C**   **Em**
I __ feels like fi - re,

                C
I'm so in love with you.

Em
Dreams are like angels:

          C
They keep bad at bay, bad at bay.

Bm
Love is the light

           C   **Em**
Scaring darkness away, __ yeah.

                C
I'm so in love with you;

                Bm   **C**   **D**
Purge the soul,   make love your   goal.

Chorus 1

    Em   **C**
The power of love,

                Bm   **C**
A force from above cleaning my soul.

D   **C**   **D**
Flame on, burn desire, love with tongues of fire.

          C
Purge the soul, make love your (goal.)

Link 1 　　|| Em　　|D　　　|Em　　|D　　　||

goal.

Verse 2

Em　　　　　　　　　　　　C
　I'll protect you from the hooded claw,

　　　　　　　　　　　　　　Bm
Keep the vampires from your door.

　　　　　　　　　　　　　C
When the chips are down I'll be around

　　　　　　　　　　Em
With my undying, death-defying love for you.

C
Envy will hurt itself.

Bm
Let yourself be beautiful,

C　　　　　　　　　　　　D　　　Em
Sparkling love, flowers and pearls and pretty girls.

　　　　　　　　　　　C
Love is like an energy ____

　　　　　　　　　　Bm　　　　　C　　D
Rushing in, rushing inside of me, hey. ____

Chorus 2

Em　　　　　　C
　The power of love,

　　　　　　　Bm　　　　　　　　C
A force from above cleaning my soul.

D　　　　　　　G/B　C　　　　　　　　　　　D
　Flame on, burn de - sire, love with tongues of fire.

　　　　　　　　　C
Purge the soul, make love your goal. ____

Link 2 　　| Em　　| Em　　| Em　　| Em　　||

　　────

Verse 3

C
This time we go sublime,

Bm⁷
Lovers entwine-divine, divine.

　　　　Am⁷
Love is danger, love is pleasure,

Bm⁷
Love is pure, the only treasure.

106

cont.

Em   **C**
I'm so in love with   you.

              Bm7   **C**
Purge the soul,   make love your ___ goal._____

Chorus 3

Em   **C**
The power of love,

            Bm   **C**
A force from above, cleaning my soul.

D   **G/B** **C**
The power of   love,

            D   **C**
A force from above, a sky-scraping dove.

Em   **C**
Flame on, burn desire,

             Em
Love with tongues of fire.

Purge the soul,

C   **Em** | **Em11** | **Em**   ‖
Make love your goal. _____

Coda
(spoken)

Em
I'll protect you from the hooded claw,

Em11
Keep the vampires from your door.

Pure

Words & Music by
Ian Broudie

E   Esus4   A   Asus2   B   F#m   Amaj7

Intro ‖: E | E | Esus4 | Esus4 :‖: E | E | A | Asus2 :‖

Verse 1
    E   A
Night-time slows, raindrops splash   rainbows.
       Asus2   E   A   Asus2
Perhaps someone you know, could sparkle and shine.
    E   A
As daydreams slide colour from   shadow,
            E   A   Asus2 A
Picture the moonglow that dazzles my eyes,
       B   A   Asus2
And I love   you.

Chorus 1
    E   A   F#m
    Just lying, smiling in the dark, shooting stars around your heart,
                                B   E
Dreams come bouncing in your head, pure and simple every time.
                       A   F#m
Now you're crying in your sleep, I wish you'd never learned to weep.
                             B
Don't sell the dreams you should be keeping

Pure and simple every (time.)

Link | E | E | A | A   Asus2 ‖
   time.

Verse 2
    E   Amaj7
Dream of sights, of sleigh-rides in seasons
                       E   Amaj7 Asus2
Where feelings, not   reasons, can make you decide.

cont.

         E   Amaj7
As leaves pour down, splash autumn on gardens,

         E   Amaj7
As colder nights harden, their moonlit delights,

   B   A   Asus2
And I love   you.

Chorus 2   As Chorus 1

Chorus 3

E   A   F#m
   Look at me with starry eyes, push me up to starry skies.

                       B   E
There's stardust in my head, pure and simple every time.

                       A   F#m
Fresh and deep as oceans new, shiver at the sight of you.

                 B
I'll sing a softer tune, pure and simple over (you.)

Guitar solo | E | E | A | B | E | E | A | B ||
               you.

Bridge

         E
If love's the truth then look, no lies, and let me swim around your eyes.

        Amaj7   B
I've found a place I'll never leave, shut my mouth and just believe.

      E
Love is the truth, I realise, not a stream of pretty lies

Amaj7   B   E
   To use us up and waste our time.

Chorus 4   As Chorus 1

Chorus 5

E   A   F#m
   Look at me with starry eyes, push me up to starry skies.

                       B   E
There's stardust in my head, pure and simple every time.

                       A   F#m
Fresh and deep as oceans new, shiver at the sight of you.

                    B   A
I'll sing a softer tune, pure and simple over you,

B   E
Pure and simple just for you.

Purple Rain

Words & Music by
Prince

Bbadd9/D   Gm7add11   Fsus2   fr6 Ebmaj9   Bbsus2   F   Bb   fr6 Eb

Intro | Bbadd9/D | Gm7add11 | Fsus2 | Ebmaj7 ||

Verse 1

Bbsus2   Gm7add11
　I never meant 2 cause U any sorrow,
Fsus2   Ebmaj9
　I never meant 2 cause U any pain.
Bbsus2   Gm7add11
　I only wanted one time 2 see U laughing,
　F   Bb
I only want 2 see U laughing in the purple rain.

Chorus 1

N.C.   Eb   Bbsus2
Purple rain, purple rain, purple rain, purple rain,
Gm7add11   F
　Purple rain, purple rain.

                                                    Bb
I only want 2 see U bathing in the purple rain.

Verse 2

N.C.   Bbsus2   Gm7add11
I never wanted 2 be your weekend lover,
Fsus2   Ebmaj9
　I only wanted 2 be some kind of friend, hey.
Bbsus2   Gm7add11
　Baby, I could never steal U from another.
　F   Bb
　It's such a shame our friendship had 2 end.

Chorus 2

N.C.   Eb   Bbsus2
Purple rain, purple rain, purple rain, purple rain,
Gm7add11   F
　Purple rain, purple rain.

                                                    Bb
I only want 2 see U underneath the purple rain.

| | | | | B♭sus² | Gm⁷add¹¹ |

Verse 3

N.C.   **B♭sus²   Gm⁷add¹¹**
Honey, I know, I know, I know times are changing.
Fsus²   **E♭maj⁹**
  It's time we all reach out 4 something new, that means U 2.
B♭sus²   **Gm⁷add¹¹**
  U say U want a leader,   but U can't seem 2 make up your mind.
                                    F   **B♭**
I think U better close it and let me guide U through the purple rain.

Chorus 3

N.C.   **E♭**   **B♭sus²**
Purple rain, purple rain, purple rain, purple rain.
                                                    Gm⁷add¹¹
If U know what I'm singin' about up here, come on raise your hand.
                          F
Purple rain, purple rain.
                                                                        B♭
I only want 2 see U, only want 2 see U in the purple rain.

Guitar solo   ‖: **B♭sus²** | **Gm⁷add¹¹** | **F** | **E♭maj⁹** :‖ **B♭**   ‖
                                                  Play 10 times

Real Gone Kid

Words & Music by
Ricky Ross

Cmaj9 fr3 **C** **G** **Bm7** **Cmaj7** **B7** **A9** **F**

Intro | Cmaj9 | Cmaj9 | Cmaj9 | Cmaj9 | Cmaj9 | Cmaj9 |

‖: C | C | G | G :‖

Hoo. _____

| Cmaj9 | Cmaj9 | G | G ‖

Verse 1
 Cmaj9   **G**
'Cause I'd tear out the pages, that I've got in these books
 Cmaj9   **G**
Just to find you some words, just to get some reward.
 Cmaj9   **G**
And I'd show you all the photographs, that I ever got took,
 Cmaj9   **G**
And I'd play you old 45s that now mean nothing to me.

Chorus 1
                            Bm7
And you're a real gone kid
            Cmaj7
And maybe now baby (maybe now baby),
 B7
Maybe now baby (maybe now baby),
 Cmaj7
Maybe now baby (maybe now baby),
        G
I'll do what I should have did.

Link 1 | C | C | G | G ‖

Hoo. _____

Verse 2
                 Cmaj9   **G**
Now I've stood on your shadow, and I've watched it grow,
                 Cmaj9   **G**
And it's shaken and it's driven me, and let me know, let me know.

cont. Let me know, let me know

Cmaj⁹   **G**
About all the old 45s and the paperback rooms,

Cmaj⁹   **G**
And it's scattered all the photographs, of summers and suns.

                          Bm⁷
Chorus 2 And you're a real gone kid

          Cmaj⁷
And maybe now baby (maybe now baby),

B⁷
Maybe now baby (maybe now baby),

Cmaj⁷
Maybe now baby (maybe now baby),

          G
I'll do what I should have did,

                    Bm⁷ A⁹
'Cause you're a real   gone kid.

Link 2   ‖: C | C | G | G   :‖
                              Hoo. _____

          Cmaj⁹
Verse 3 ‖: I cried and I craved, hoped and I saved,

          G
And I put away those souvenirs, souvenirs, souvenirs. :‖

                    Bm⁷
Chorus 3 You're a real gone kid

          Cmaj⁷
And maybe now baby (maybe now baby),

B⁷
Maybe now baby (maybe now baby),

Cmaj⁷
Maybe now baby (maybe now baby),

          G
I'll do what I should have did.

                    Bm⁷ A⁹ F | **F**   ‖
'Cause you're a real   gone kid.

Link 3   ‖: C | C | G | G   :‖
                              Hoo. _____

                    C   **G**
Coda   ‖: 'Cause you're a real gone kid. :‖ *Repeat and fade*

113

Rebel Yell

Words & Music by
Billy Idol & Steve Stevens

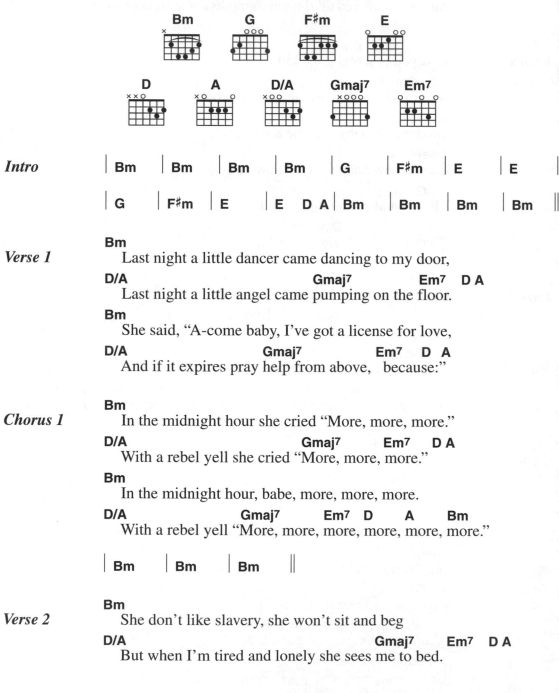

Intro

| Bm | Bm | Bm | Bm | G | F#m | E | E |

| G | F#m | E | E D A | Bm | Bm | Bm | Bm ‖

Verse 1

Bm
Last night a little dancer came dancing to my door,

D/A　　　　　　　　　　　　　**Gmaj7**　　　　**Em7**　**D A**
Last night a little angel came pumping on the floor.

Bm
She said, "A-come baby, I've got a license for love,

D/A　　　　　　　　**Gmaj7**　　　　　**Em7**　**D A**
And if it expires pray help from above,　because:"

Chorus 1

Bm
In the midnight hour she cried "More, more, more."

D/A　　　　　　　　　　　**Gmaj7**　　　**Em7**　　**D A**
With a rebel yell she cried "More, more, more."

Bm
In the midnight hour, babe, more, more, more.

D/A　　　　　　**Gmaj7**　　　**Em7**　**D**　**A**　**Bm**
With a rebel yell "More, more, more, more, more, more."

| Bm | Bm | Bm ‖

Verse 2

Bm
She don't like slavery, she won't sit and beg

D/A　　　　　　　　　　　　　　　　**Gmaj7**　　**Em7**　**D A**
But when I'm tired and lonely she sees me to bed.

cont.

Bm
What set you free and brought you to me, babe?
D/A   **Gmaj7**   **Em7**   **D A**
What set you free, I need you here by me be - cause:

Chorus 2

Bm
In the midnight hour she cried "More, more, more."
D/A   **Gmaj7**   **Em7**   **D A**
With a rebel yell she cried "More, more, more."
Bm
In the midnight hour, babe, more, more, more.
D/A   **Gmaj7**   **Em7**
With a rebel yell "More, more, more."

| G | F#m |

Bridge

E
He lives in his own heaven,
G F#m E
Collects it to go from the 7-11.
G F#m   **E**
Well, he's out all night to collect a fare
G F#m   **Em7**   **D**   **A Bm**
Just so long, just so long it don't mess up his hair. _____

Guitar solo

‖: **Bm** | **Bm** | **Bm** | **Bm** |

| **D/A** | **D/A** | **Gmaj7** | **Em7** **D A** :‖

Link

Drums for 8 bars

Verse 3

Bm
I walk the ward for you, babe.
D/A   **Gmaj7** **Em7**   **D A**
A thousand miles with you.
Bm
I dried your tears of pain
D/A   **Gmaj7**   **Em7**   **D A**
A million times for you.
Bm
I'd sell my soul for you, babe,
D/A   **Gmaj7** **Em7**   **D A**
For money to burn for you.

cont.

Bm
    I'd give you all and have none, babe,
           D/A
Just a, just a, just a, just a
        Gmaj7   **Em7**   **D A**
To have you here by me   because:

Chorus 3

Bm
    In the midnight hour she cried "More, more, more."
D/A   **Gmaj7**   **Em7** **D A**
    With a rebel yell she cried "More, more, more."
Bm
    In the midnight hour, babe, more, more, more.
D/A   **Gmaj7**   **Em7** **D**   **A**   **Bm**
    With a rebel yell she cried "More, more, more, more, more, more."

| **Bm** | **Bm** | **Bm** | ‖ |

Coda

Bm   **D/A**   **Gmaj7**
    Ooh yeah, a little baby, she want more,
Em7   **D**   **A**   **Bm**
More, more, more, more, more.

Ooh yeah, a little angel,
 D/A   **Gmaj7** **Em7**   **D**   **A**
    She want more, more, more, more, more, (more.)

| **Bm** | **Bm** | **Bm** | **Bm A** | **Bm** | ‖ |
more.

Road To Nowhere

Words & Music by
David Byrne

Intro

N.C.　　**(G)**　　　　　　　　　　**(D)**
Well we know where we're going

　　　　　(C)　　　　　　　　　　**(G)**
But we don't know where we've been.

　　　　　　　　　　　　　　　(D)
And we know what we're knowing

　　　　　(C)　　　　　　**(E♭) (D)**
But we can't say what we've seen._

　　　　　(G)　　　　**(D)**
And we're not little children

　　　　　(C)　　　　　　**(E♭) (F)**
And we know what we want.

　　　(G)　　　　**(D)**
And the future is certain,

　　　　　(C)　　　　　**(E♭) (D)**
Give us time to work it out.__

| **E** | **E** | **E** | **E** ‖

Verse 1

E
　We're on a road to nowhere,

C♯m
　Come on inside.

E
　Taking that ride to nowhere,

C♯m
　We'll take that ride.

A
　I'm feeling O.K. this morning,

E　　　　**B**
　And you know

A　　　　　　　　　　　　　**E**
　We're on a road to paradise,

　　　　　　　B　　　　**E**
Here we go, here we go.

| Link 1 | `| (E) | E | E | E ‖` |

Verse 2

   E
  We're on a ride to nowhere,
C♯m
  Come on inside.
   E
  Taking that ride to nowhere,
C♯m
  We'll take that ride.
   A   E
  Maybe you want me where you are,
       B
I don't care.
   A   E
  Here is where time is on our side,
       B   E
Take you there, take you there.

Link 2   `| (E) | E | E | E ‖`

Chorus 1

   E   C♯m
  We're on a road to nowhere.
   E   C♯m
  We're on a road to nowhere.

Middle

                E
‖: There's a city in my mind,

Come along and take that ride,
    C♯m
It's alright, baby it's alright.
       E
And it's very far away,

But its growing day by day
    C♯m
And it's alright, baby it's alright.
     E
Would you like to come along?

You can help me sing this song
    C♯m
And it's alright, baby it's alright. :‖

          E
They can tell you what to do,

Oh god, they'll make a fool of you,
          C♯m
And it's alright, baby it's alright.

        E   **C♯m**

Chorus 2   We're on a road to nowhere.
        E   **C♯m**
     We're on a road to nowhere.
        E   **C♯m**
     We're on a road to nowhere.
        N.C.
     We're on a road to nowhere.

Run To You

Words & Music by
Bryan Adams & Jim Vallance

Capo second fret

Intro
(riff)

‖: **Em7** | **G Aadd11** | **Em7** | **G Aadd11** :‖

Verse 1

    Em7(riff)   **G**   **Aadd11 Em7**   **G Aadd11**
She says her love for me could never die,

Em7   **G**   **Aadd11**
But that'd change if she ever found out

          Em7   **G Aadd11**
About you and I.

Em7   **G**   **Aadd11**
Oh, but her love is cold,

Em7   **G**   **Aadd11**
It wouldn't hurt her if she didn't know, 'cause

C5
When it gets too much

D5   **Bm7**
I need to feel your touch.

Chorus 1

           Em   **G5 D A5**
I'm gonna run to you,

           Em   **G5 D A5**
I'm gonna run to you,

              Em   **G5**   **D**   **A5**
'Cause when the feeling's right, I'm gonna run all night,

           Em   **G5 D**
I'm gonna run to you.

| **Em7** | **G Aadd11** | **Em7** | **G Aadd11** |

Verse 2

Em7(riff)   G   Aadd11   Em7   G Aadd11
She's got a heart of gold, she'd never let me down,

Em7   G   Aadd11
But you're the one that always turns me on,

           Em7   G Aadd11
You keep me comin' round.

Em7   G   Aadd11
I know her love is true

         Em7   G   Aadd11
But it's so damn easy makin' love to you,

C5
I got my mind made up,

D5   Bm7
I need to feel your touch.

Chorus 2

          Em   G5 D
I'm gonna run to you,

‖: A5   Em   G5 D A5
   I'm gonna run to you,

           Em   G5   D   A5
'Cause when the feeling's right, I'm gonna run all night,

         Em   G5 D
I'm gonna run to you.   :‖

Solo

E	E	D	D
C	C	D	D
E	E	D	D
C	C	Bm7	Bm7 ‖

| Em G5 | D A5 | Em G5 | D A5 ‖

Outro

          Em   G5 D A5
I'm gonna run to you,

‖:   Em   G5 D A5
I'm gonna run to you,

           Em   G5   D   A5
'Cause when the feeling's right, I'm gonna run all night,

         Em   G5 D A5
I'm gonna run to you.   :‖   *Repeat to fade*

Rush Hour

Words & Music by
Jane Wiedlin & Peter Rafelson

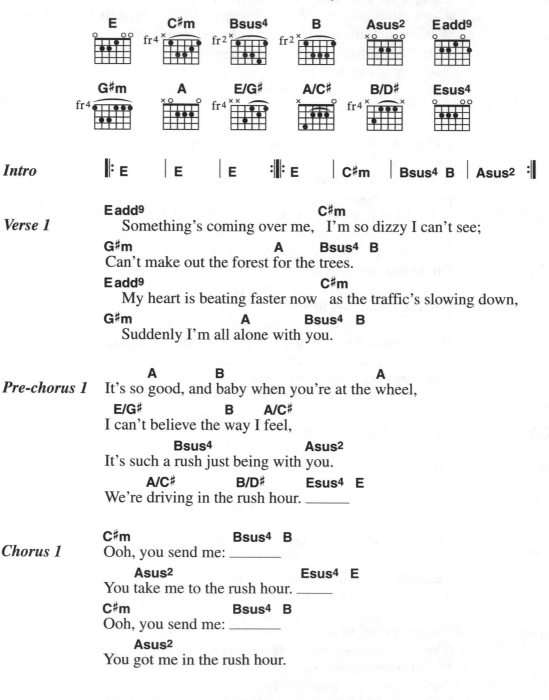

Intro ‖: E │ E │ E :‖: E │ C♯m │ Bsus⁴ B │ Asus² :‖

Verse 1

Eadd⁹   C♯m
  Something's coming over me,   I'm so dizzy I can't see;
G♯m   A   Bsus⁴ B
Can't make out the forest for the trees.
Eadd⁹   C♯m
  My heart is beating faster now   as the traffic's slowing down,
G♯m   A   Bsus⁴ B
  Suddenly I'm all alone with you.

Pre-chorus 1

              A   B   A
It's so good, and baby when you're at the wheel,
  E/G♯   B   A/C♯
I can't believe the way I feel,
              Bsus⁴   Asus²
It's such a rush just being with you.
            A/C♯   B/D♯   Esus⁴ E
We're driving in the rush hour. _____

Chorus 1

C♯m   Bsus⁴ B
Ooh, you send me: _____
    Asus²   Esus⁴ E
You take me to the rush hour. _____
C♯m   Bsus⁴ B
Ooh, you send me: _____
       Asus²
You got me in the rush hour.

Verse 2

Eadd9   C#m

Feel it getting hot in here,   feel me getting close to you, dear.

G#m   A   Bsus4 B

Slow motion, moving you, moving me

Eadd9   C#m

Now your lips are touching mine, and in your eyes that certain shine,

G#m   A   Bsus4 B

Honey, I know just where you're taking me. _____

Pre-chorus 2   As Pre-chorus 1

Chorus 2   As Chorus 1

Guitar solo   ‖: E | E | C#m | C#m | G#m | G#m A | Bsus4 | B   :‖

Pre-chorus 3

             A   B   A

Oh it's so good, and baby when you're at the wheel,

E/G#   B   A/C#

I can't believe the way I feel,

                Bsus4   Asus2

It's such a rush just being with you.

            A/C#   B/D#   Esus4 E

We're driving in the rush hour. _____

Chorus 3   As Chorus 1

Link | E | E | E | E   ‖

Coda

Esus4 E C#m   Bsus4 B Asus2

            Ooh, you send me, _____

Esus4 E C#m   Bsus4 B

            Ooh, you send me, _____

      Asus2   Esus4 E

You got me in the rush hour. _____

C#m   Bsus4 B   Asus2   Esus4 E

Ooh, you send me, _____ we're driving in the rush hour. _____

C#m   Bsus4 B   Asus2   Esus4 E

Ooh, you send me, _____ you got me, you got me.

C#m   Bsus4 B   Asus2   Esus4 E

Ooh, you send me, _____ we're driving in the rush hour. _____

C#m   Bsus4 B | Asus2 | Esus4 E |

Ooh, you send me, _____

C#m   Bsus4 B

Ooh, you send me. _____ *Fade out*

Romeo And Juliet

Words & Music by
Mark Knopfler

C Fmaj⁷ G Am F Dm

Capo fifth fret

Intro

‖: C | Fmaj⁷ G | C | Fmaj⁷ G :‖

Verse 1

C   Am   G
A lovestruck Romeo   sings a streetsuss serenade,
C   Am   F
Laying everybody low   with a lovesong that he made.
G   F G   C
Finds a streetlight,   steps out of the shade,
                         F   G
Says something like   "You and me babe, how about it?"

Verse 2

C   Am   G
Juliet says, "Hey it's Romeo,   you nearly gimme a heart attack"
C
He's underneath the window, she's singing
Am   F
"Hey la, my boyfriend's back,
G   F G   C
You shouldn't come around here,   singing up at people like that."
F   G
"Anyway what you going to do about it?"

Chorus 1

        C G   Am   F
Juliet,   the dice was loaded from the start
        C G   Am   F
And I bet,   and you exploded into my heart,
        G   C   F Am   F
And I for - get, I forget   the movie song.
Dm   C   F   G   Am G
When you gonna realise it was just that the time was wrong,

Link

| C | Fmaj⁷ G | C | Fmaj⁷ G ‖
    Juliet.

Verse 3

```
          C                                Am                             G
        Come up on different streets,   they both were streets of shame,
          C                          Am                    F
        Both dirty, both mean,   yes and the dream was just the same.
          G                                  F    G                    C
        And I dreamed your dream for you   and now your dream is real.
          F                                      G
        How can you look at me as if I was just another one of your deals?
```

Verse 4

```
                             C                   G
        When you can fall for chains of silver,
          Am                           G
          You can fall for chains of gold,
          C                                Am              F              G
          You can fall for pretty strangers     and the promises they hold.
                                      F    G                C
         You promised me everything,       you promised me thick and thin,
          F
           Now you just say, "Oh Romeo, yeah, you know,
           G
        I used to have a scene with him."
```

Chorus 2

```
            C   G              Am               F
        Juliet,   when we made love you used to cry.
                      C                 G            Am            F
        You said "I love you like the stars above, I'll love you till I die."
        G       C       F  Am                       F
        There's a place for us,     you know the movie song,
        Dm                        C      F             G    Am    G
          When you gonna realise it was just that the time was wrong,

        Juli-(et.)
```

Link

```
        │ C       │ Fmaj7  G │ C       │ Fmaj7  G  ║
          -et
```

Verse 5

```
          C                  Am                    G
          I can't do the talk     like they talk on TV,
          C                      Am                  F
          And I can't do a love song    like the way it's meant to be,
          G                     F    G              C
          I can't do everything but I'd do anything for you,
          F                              G
          I can't do anything except be in love with you.
```

Verse 6

C   Am   G
And all I do is miss you   and the way we used to be,

C   Am   F
All I do is keep the beat   and bad company,

G   F
All I do is kiss you

G   C
Through the bars of a rhyme.

F   G
Julie, I'd do the stars with you any time.

Chorus 3

       C G   Am   F
Juliet,   when we made love you used to cry.

                  C   G   Am   F
You said "I love you like the stars above, I'll love you till I die."

G   C   G F Am   F
There's a place for us,   you know the movie song,

Dm   C   F   G Am   G
When you gonna realise it was just that the time was wrong,

Ju(-u-u-liet.)

Link

| C | Fmaj⁷ G | C | Fmaj⁷ G |
-u-u-liet.

| C | Fmaj⁷ G | C | Fmaj⁷ G ‖

Verse 7

C   Am   G
And a lovestruck Romeo   sings a streetsuss serenade,

C   Am   F
Laying everybody low   with a lovesong that he made.

G   F
Finds a convenient streetlight,

G   C
Steps out of the shade,

                         F   G
Says something like "You and me babe,   how about it?"

Coda

‖: Fmaj⁷ | G | Fmaj⁷ | G :‖   *Repeat ad lib. to fade*

126

She Sells Sanctuary

Words & Music by
Ian Astbury & William Duffy

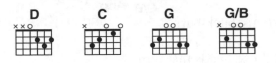

| D | C | G | G/B |

Intro   ‖: D | D | C | G :‖   *play 4 times*

Verse 1
          D
Oh the heads that turn,
C   G/B   G
Make my back burn.
          D
And those heads that turn,
C   G/B   G
Make my back, make my back burn.

Link 1   ‖: D | D | C | G :‖

Verse 2
          D
The sparkle in your eyes,
C   G/B   G
Keeps me alive.
          D
And the sparkle in your eyes,
C   G/B   G
Keeps me alive, keeps me alive.

Chorus 1
          D
And the world,
          C   G
And the world turns around.
          D
The world and the world yeah,
          C   G
The world drags me down.

Link 2   ‖: D | D | C | G :‖

Verse 3

        D
Well the heads that turn,

C   **G/B**   **G**
Make my back burn.

        D
And those heads that turn,

C   **G/B**   **G**
Make my back, make my back burn,   yeah.

Link 3   ‖: **D** | **D** | **C** | **G**   :‖

Verse 4

        D
The fire in your eyes,

C   **G/B**   **G**
Keeps me alive.

        D
And the fire in your eyes,

C   **G/B**   **G**
Keeps me alive.

Verse 5

        D
I'm sure in her you'll find,

      C   **G/B**   **G**
The sanctuary.

       D
I'm sure in her you'll find,

      C   **G/B**   **G**
The sanctuary.

Chorus 2   As Chorus 1

Chorus 3

         D
And the world, and the world, and the world,

      C   **G**
The world drags me down.

       D
And the world, and the world,

And the world, and the world,

C   **G**
   The world drags me down.

Link 4 ‖: D |D |D |D :‖

|D |D |C |G ‖

Chorus 4
        D
And the world,
        C   **G**
And the world turns around.
       D
The world and the world yeah,
      C   **G**
The world drags me down.

Chorus 5   As Chorus 4

Outro   ‖: D |D |C |G :‖

|⌢D ‖

Save A Prayer

Words & Music by
John Taylor, Simon Le Bon, Nick Rhodes, Andy Taylor & Roger Taylor

Dm   Fmaj7   B♭maj7   G   Bm

D   F#m   A   Dm/C   F/A

Intro

‖: Dm | Fmaj7 | B♭maj7 | G :‖

Verse 1

Dm   Fmaj7   B♭maj7   G
   You saw me standing by the wall,   corner of a main street,

Dm   Fmaj7   B♭maj7   G
   And the lights are flashing on your window sill.

Dm   Fmaj7   B♭maj7   G   Dm
   Take a chance, like all dreamers can't find another way,

       Fmaj7   B♭maj7   G
You don't have to dream it all, just live a day.

Chorus 1

Bm   D   G
   Don't say a prayer for me now,

F#m   A   Bm
Save it 'til the morning a - fter.

        D   G
No, don't say a prayer for me now,

F#m   A   Bm   D   G
Save it 'til the morning after. _____

F#m   A   Bm   D   G
Save it 'til the morning a - fter. _____

F#m   A   Dm   Fmaj7 B♭maj7 G
Save it 'til the morning after. _____

Link 1

| Dm | Fmaj7 | B♭maj7 | G ‖

Verse 2

Dm   Fmaj⁷   B♭maj⁷   G   Dm

Pretty looking road, I try to hold the rising floods that fill my skin.

            Fmaj⁷   B♭maj⁷   G

Don't ask me why, I'll keep my promise, melt the ice.

Dm   Fmaj⁷   B♭maj⁷

And you wanted to dance so I asked you to dance

      G   Dm

But fear is in your soul.

          Fmaj⁷   B♭maj⁷

Some people call it a one-night stand,

         G   Bm

But we can call it paradise. _____

Chorus 2

        D   G

Don't say a prayer for me now,

F♯m   A   Bm

Save it 'til the morning af - ter.

          D   G

No, don't say a prayer for me now,

F♯m   A   Bm   D   G

Save it 'til the morning after. _____

F♯m   A   Bm   D   G

Save it 'til the morning a - fter. _____

F♯m   A

Save it 'til the morning

Link 2

‖: Dm | Dm/C | B♭maj⁷ | F/A   :‖

   after. _____

Coda

Dm   Dm/C   B♭maj⁷ F/A

Save a prayer 'til the morning after. _____

Dm   Dm/C   B♭maj⁷ F/A

Save a prayer 'til the morning after. _____

Dm   Dm/C

Save a prayer 'til the morning after.

B♭maj⁷

Save a prayer

      F/A   Dm Dm/C B♭maj⁷ F/A

'Til the morning after. _____

Fade out

She Bangs The Drums

Words & Music by
John Squire & Ian Brown

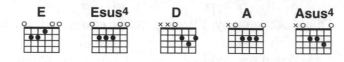

E   Esus4   D   A   Asus4

Intro

‖: E | E   Esus4 :‖

Verse 1

E   Esus4   E
I can feel the earth begin to move,
                         Esus4   D
I hear my needle hit the groove.

And spiral through another day,
                                E
I hear my song begin to say:
                     Esus4   E
"Kiss me where the sun don't shine,
                              Esus4   D
The past was yours but the future's mine,

You're all out of time."

Verse 2

E   Esus4   E
I don't feel too steady on my feet,
                Esus4   D
I feel hollow, I feel   weak.

Passion fruit and Holy bread
                                E
Fill my guts and ease my head.
                     Esus4   E
Through the early morning sun
                Esus4   D
I can see her, here she comes,

She bangs the drums.

Chorus 1

    A   D   A
Have you seen her, have you heard?
              D   A
The way she plays, there are no words
          D   E
To describe the way I feel.
    A   D   A
How could it ever come to pass?
             D   A
She'll be the first, she'll be the last
          D   E
To describe the way I feel, the way I feel.

Instrumental ‖: Asus⁴ | A | Esus⁴ | E   :‖

      | E | E | E | E | D | D | D | D

      | E | E | E | E | D | D | D | D E

Chorus 2   As Chorus 1

Chorus 3   As Chorus 1

Outro   *Instrumental as Chorus to fade*

Should I Stay Or Should I Go

Words & Music by
Joe Strummer & Mick Jones

| D | G | F | A | A⁷ |

Intro | D G | D N.C. | D G | D N.C. | D G | D | D G ‖

Verse 1

D N.C.   D G D
   Darling you got to let me know:

N.C.   D G D
Should I stay or should I go?

N.C.   G F G
If you say that you are mine _____

N.C.   D G D
I'll be here 'til the end of time.

N.C.   A A⁷
So you got to let me know: _____

N.C.   D G D
Should I stay or should I go?

Verse 2

N.C.   D G D
It's always tease, tease, tease;

N.C.   D G D
You're happy when I'm on my knees.

N.C.   G F G
One day is fine, the next is black,

N.C.   D G D
So if you want me off your back,

N.C.   A A⁷
Well, come on and let me know: _____

N.C.   D G D
Should I stay or should I go?

Chorus 1

N.C.   D   G D
Should I stay or should I go now?

                        G D
Should I stay or should I go now?

            G   F G
If I go there will be trouble,

                                                    D   G D
And if I stay it will be double.
                                            A   D G | D   ‖
So come on and let me know.

Verse 3   **N.C.**   **D   G   D**
This indecision's bugging me   (esta undecision me molesta);
                         N.C.   **D   G   D**
If you don't want me, set me free (si no me quieres, librame).
                         N.C.   **G   F   G**
Exactly who am I'm supposed to be?   (Digame que tengo ser).
                         N.C.   **D**
Don't you know which clothes even fit me?

                            G   D
(¿Saves que robas me queurda?)
                         N.C.   **A**   **A⁷**
Come on and let me know __ (me tienes que desir)
                         N.C.   **D   G   D**
Should I cool it or should I blow?   (¿Me debo ir o quedarme?)

Instrumental | **D   G** | **D   N.C.**| **D   G** | **D   N.C.**| **G   F** | **G   N.C.**|

                | **D   G** | **D   N.C.**| **A** | **A⁷** | **D   G** | **D   N.C.**‖

Chorus 2   **N.C.**   **D   G   D**
Should I stay or should I go now? (¿Yo me frio o lo sophlo?)
                                                    D   G   D
Should I stay or should I go now? (¿Yo me frio o lo sophlo?)
                                            G   F   G
If I go there will be trouble (si me voy va ver peligro),
                                            D   G   D
And if I stay it will be double (si me quedo es doble).
                                    A
So you gotta let me know (me tienes que decir):
                                            D   G   D
Should I cool it or should I blow? (¿Yo me frio o lo sophlo?)

                                                            G   D
Chorus 3   Should I stay or should I go now? (¿Yo me frio o lo sophlo?)
                                            G   F   G
If I go there will be trouble (si me voy va ver peligro),
                                            D   G   D
And if I stay it will be double (si me quedo es doble).
                                    A
So you gotta let me know (me tienes que decir):
                            G   D
Should I stay or should I go?

Start!

Words & Music by
Paul Weller

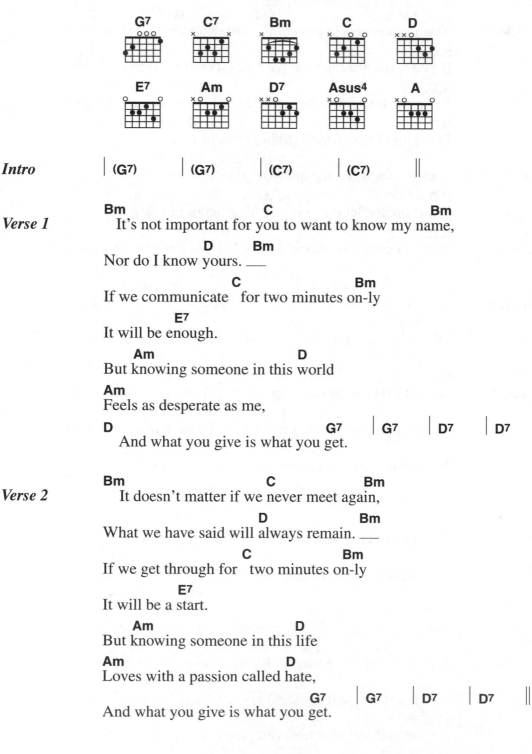

Intro | (G7) | (G7) | (C7) | (C7) ||

Verse 1

   Bm   **C**   **Bm**
It's not important for you to want to know my name,

D   **Bm**
Nor do I know yours. __

                   C   **Bm**
If we communicate   for two minutes on-ly

          E7
It will be enough.

     Am   **D**
But knowing someone in this world

Am
Feels as desperate as me,

D   **G7** | **G7** | **D7** | **D7** ||
  And what you give is what you get.

Verse 2

   Bm   **C**   **Bm**
It doesn't matter if we never meet again,

                        D   **Bm**
What we have said will always remain. __

                 C   **Bm**
If we get through for   two minutes on-ly

          E7
It will be a start.

     Am   **D**
But knowing someone in this life

Am   **D**
Loves with a passion called hate,

                         G7 | **G7** | **D7** | **D7** ||
And what you give is what you get.

Middle 1

Bm   **C**
   If I never ever see you,

          Bm
(If I never ever see you.)

         C
If I never ever see you,

          Bm
(If I never ever see you.)

         C   **Asus⁴** **A**
If I never ever see you again. ____

Solo | **G⁷** | **G⁷** | **G⁷** | **G⁷** | **D⁷** | **D⁷**   ‖

Middle 2

Bm   **C**
   If I never ever see you,

          Bm
(If I never ever see you.)

         C
If I never ever see you,

          Bm
(If I never ever see you.)

         C   **Asus⁴** **A**
If I never ever see you again. ____

    | **G⁷** | **G⁷** | **D⁷** | **D⁷**   ‖

Outro

                                           G⁷   **D⁷**
And what you give is what you get.

                                           G⁷   **D⁷**
And what you give is what you get.

                                        G⁷
And what you give is what you get.

Stray Cat Strut

Words & Music by
Brian Setzer

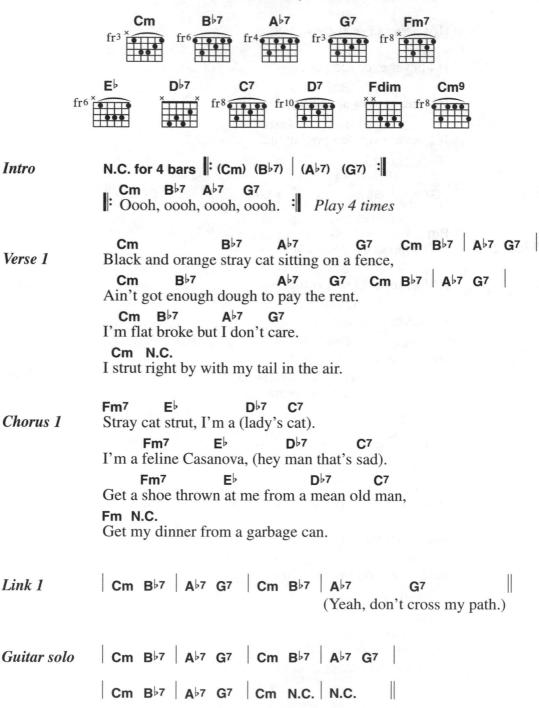

Intro   N.C. for 4 bars $\|$: (Cm) (B♭7) | (A♭7) (G7) :$\|$

$\|$: Cm   B♭7   A♭7   G7
Oooh, oooh, oooh, oooh. :$\|$ *Play 4 times*

Verse 1
Cm   B♭7   A♭7   G7   Cm B♭7 | A♭7 G7 |
Black and orange stray cat sitting on a fence,

Cm   B♭7   A♭7   G7   Cm B♭7 | A♭7 G7 |
Ain't got enough dough to pay the rent.

Cm   B♭7   A♭7   G7
I'm flat broke but I don't care.

Cm   N.C.
I strut right by with my tail in the air.

Chorus 1
Fm7   E♭   D♭7   C7
Stray cat strut, I'm a (lady's cat).

Fm7   E♭   D♭7   C7
I'm a feline Casanova, (hey man that's sad).

Fm7   E♭   D♭7   C7
Get a shoe thrown at me from a mean old man,

Fm   N.C.
Get my dinner from a garbage can.

Link 1 | Cm B♭7 | A♭7 G7 | Cm B♭7 | A♭7   G7 $\|$
(Yeah, don't cross my path.)

Guitar solo | Cm B♭7 | A♭7 G7 | Cm B♭7 | A♭7 G7 |

| Cm B♭7 | A♭7 G7 | Cm N.C. | N.C. | $\|$

Bridge 1

Fm7   Cm
I don't bother chasing mice around.
  Fm7
I slink down the alley, looking for a fight,
D7   Fdim
Howling to the moonlight on a hot summer night.

Chorus 2

  Cm   B♭7   A♭7   G7
Singing the blues while the lady cats cry,
Cm   B♭7   A♭7   G7
Wild stray cat, you're a real gone guy.
  Cm   B♭7   A♭7   G7
I wish I could be as carefree and wild
        Cm   N.C.
But I got   cat class, and I got cat style.

Link 2

𝄆 Cm B♭7 | A♭7 G7 :‖: Cm | A♭7 G7 | Cm | A♭7 G7 :‖

Guitar solo

| Cm B♭7 | A♭7 G7 | Cm B♭7 | A♭7 G7 | Cm B♭7 | A♭7 G7 |

| Cm N.C. | N.C. ‖

Bridge 2

Fm7   Cm
I don't bother chasing mice around.
  Fm7
I slink down the alley, looking for a fight,
D7   Fdim
Howling to the moonlight on a hot summer night.

Chorus 3

  Cm   B♭7   A♭7   G7
Singing the blues while the lady cats cry,
Cm   B♭7   A♭7   G7
Wild stray cat, you're a real gone guy.
  Cm   B♭7   A♭7   G7
I wish I could be as carefree and wild
        Cm   N.C.
But I got   cat class, and I got cat style.

Coda

| (Cm) | (A♭7) (G7) | Cm N.C. | Cm9 ‖

The Spirit Of Radio

Words by Neil Peart
Music by Geddy Lee & Alex Lifeson

E	A	Bsus4	E/G#	C#m	B	D/F#

Intro

N.C.	N.C.	E	(E)	(E)	(E)
E	(E)	(E)	E	A	E
A	E	A	E	A	E
Bsus4	E/G#	A	B	E	
Bsus4	E/G#	A	C#m B		

Verse 1

    E   Bsus4
Begin the day with a friendly voice,

        E/G#   A   B
A companion, unobtrusive,

    E   Bsus4
Plays that song that's so elusive

        E/G#   A   B
And the magic music makes your   morning mood.

Link 1

| E | Bsus4 | E/G# | A C#m B |

Verse 2

    E   Bsus4
Off on your way, hit the   open road,

        E/G#   A   B
There is magic at your fingers,

    E   Badd4
For the Spirit ever lingers,

      E/G#   A   B
Undemanding contact in your happy solitude.

Link 2 | E | Badd⁴ | E/G♯ | A   B |

| E | (E) | (E) | (E) ||

Bridge 1
     (E)   (D/F♯)
Invisible airwaves crackle with life,
(E/G♯)   (D/F♯)   (E)
Bright antennae bristle with the energy.
                     (D/F♯)
Emotional feedback on timeless wavelength
(E/G♯)   (D/F♯)   E | E ||
Bearing a gift beyond price, almost free.

Verse 3
     E   B
All this machinery making modern music
      E/G♯   A   B
Can still be open-hearted.
     E   B
Not so coldly charted, it's really just a question
       E/G♯   A   B
Of your honesty, yeah, your honesty.
     E   B   E/G♯ | A   B|
     One likes to believe in the freedom of music,
        E   B
But glittering prizes and endless compromises
E/G♯   A   B
Shatter the illusion of integrity, yeah.

Link 3 | E | Bsus⁴ | E/G♯ | A   B |

| E | (E) | (E) | (E) ||

Bridge 2
     (E)   (D/F♯)
Invisible airwaves crackle with life,
(E/G♯)   (D/F♯)   (E)
Bright antennae bristle with the energy.
                     (D/F♯)
Emotional feedback on a timeless wavelength
(E/G♯)   (D/F♯)
Bearing a gift beyond price, almost (free.)

Link 4 | E | E | D/F# | D/F# | E/G# | E/G# | D/F# | D/F# |

free.

| E | E | D/F# | D/F# | E/G# | E/G# | D/F# | D/F# |

‖: E | Bsus⁴ | E/G# | A | B :‖ E | (E) | N.C |

‖: E | A | E | A :‖ E | A B ‖

Verse 4

    E
For the words of the profits
    A   B E   A
Were written on the studio wall,
B   E
Concert hall,

| A | E | A | E | A B |

    E   A   B E   A
And echoes with the sound   of salesmen.
    E   A
Of salesmen,   of (salesmen.)

Guitar solo | E | A | E | A |

salesmen.

‖: E | A | E | A :‖

Coda | E | A | E | A |

| E | A | (E) | (E) | N.C. | E   ‖

Thinking Of You

Words & Music by
Terry Hall & Toby Lyons

Cmaj7 C#m7 Dm7 C#maj7 G C

F Fm/A♭ B♭ A7 G7 E7 Am7

Em7 A♭ D Dsus4 B7 Dmaj7 E♭m7

Intro | Cmaj7 | C#m7 | Dm7 | C#maj7 | Cmaj7 | C#m7 | Dm7 ‖

Verse 1

  G   N.C.   C
I guess I kinda sort of know

I ought to be thinking of you

But a friendship's built on trust

And that's something you never do.
  F   Fm/A♭
Well, who knows maybe tomorrow
  C   B♭   A7
We can share each other's sorrow,
Dm7   G
And compare our grave-side manner
G7
As we wave our lonely banners.

Chorus 1

  C   Cmaj7
If you ever think of me
      Dm7   G7
I'll be thinking of you,
Dm7   G7
If you decide to change your views
    Cmaj7   N.C.
I'm thinking of you.

Verse 2

C
You can walk away from loneliness

Any time you choose

(And you're the sort of person

That hasn't anything to lose).
F   Fm/A♭
 But who cares maybe tomorrow
C   B♭ A7
 You could lead and I could follow,
Dm7   G
 So walk where angels fear to tread
G7
 For everything you've ever wanted.

Chorus 2

    C   Cmaj7   Dm7   G7
And if you ever think of me I'll be thinking of you,
Dm7   G7   Cmaj7   C♯m7
If you can spare an hour or two you'll know what to do.
C   Cmaj7   Dm7   G7
I could be the one thing there in your hour of need,
  Dm7   G7   Cmaj7 N.C.
So if you decide to change your views I'm thinking of you.

Bridge

Am7   Em7
Let's roll the dice
  Dm7 A♭ G
In a fools' paradise.
Cmaj7   Am7   Dm7   G7
 Share moonlit nights breathing nothing but lies.
      A7
Let's open our eyes.

Verse 3

D
We should take a bus to somewhere else
      Em7
To something new,
D
Thank God we're alive
        Dsus4 D
And bite off more than we can chew.

cont.

    G   **B♭**
Do the things that just don't matter,

    D   **C**   **B7**
Laugh while others look in anger;

    Em7   **A7**
Stumble over four-leaf clovers,

And say goodbye to lonely banners.

Chorus 3

    D   **Dmaj7**   **Em7**   **A7**
If you ever think of me I'll be thinking of you,

    Em7   **A7**   **D**   **E♭m7**
Through thick and thin I bear it and grin, and never give in.

    D   **Dmaj7**   **Em7**   **A7**
I could be the one thing left in your hour of need,

      Em7   **A7**
So if you decide to change your views

      Dmaj7   **Dm7**
I'm thinking of you.

Coda

    Dmaj7   **Dm7**
Thinking of you,

    Dmaj7   **Dm7**
Thinking of you.

         Dmaj7
Thinking of you.

There She Goes

Words & Music by
Lee Mavers

G   D   Cadd9   D/F#   G/B

Am   C   D7   Em7   Em   Cmaj7

Intro

‖: (G) (D) | (Cadd9) (D/F#) | (G) (D) | (Cadd9) (D/F#) :‖

| G   D | Cadd9   D/F# | G   D | Cadd9   D/F# |

| G   D | Cadd9   G/B | Am   G | C | C   D7 ‖

Verse 1

G   D   Cadd9   D/F#
There she goes,

G   D   Cadd9   D/F#
There she goes again

G   D   Cadd9   G/B
Racing through my   brain,

     Am   G   C
And I just   can't contain

     Am   G   C   D7
This feeling that remains.

Verse 2

G   D   Cadd9   D/F#
There she blows,

G   D   Cadd9   D/F#
There she blows again

G   D   Cadd9   G/B
Pulsing through my   vein,

     Am   G   C
And I just can't contain

     Am   G   C   D7
This feeling that remains.

Link | G   D | Cadd9 D/F# | G   D | Cadd9 D/F# | G   D |
| Cadd9 G/B | Am   G | C | Am   G | C | C   D7 ||

Bridge

Em7   C
There she goes,

Em7   C
There she goes again:

   D D7 G
She calls my name,

 D D7 Cmaj7
Pulls my train,

D D7 G   D D7 Cmaj7
No-one else could heal my pain.

   Am   Em
But I just can't contain

    C   D7
This feeling that remains.

Verse 3

G   D Cadd9 D/F#
There she goes,

G   D Cadd9 D/F#
There she goes again

G   D   Cadd9 G/B
Chasing down my lane

   Am G   C
And I just can't contain

   Am G   C D7
This feeling that remains.

Coda

G   D Cadd9 D/F#
There she goes,

G   D Cadd9 D/F#
There she goes,

G   D C D/F# G
There she goes a - gain.

This Is Not America

Words & Music by
David Bowie, Pat Metheny & Lyle Mays

Gm   Dm/F   E♭maj⁷   Gm/E   Am⁷   B♭maj⁷   Cm⁷   Dm⁷

G♯m   D♯m/F♯   Emaj⁷   G♯m/F   A♯m⁷   Bmaj⁷   C♯m⁷   D♯m⁷

Intro

| Gm | Dm/F | E♭maj⁷ | Dm/F |

Gm   Dm/F   E♭maj⁷   Dm/F   Gm
This is not America,   sha la la la la.

Verse 1

             Dm/F
A little piece of you,

   E♭maj⁷   Dm/F   Gm   Dm/F
   The little peace in me, will die.
                   (This is not a miracle,)

   E♭maj⁷   Dm/F
For this is not America.

Verse 2

  Gm   Dm/F
  Blossom fails to bloom this season,

  E♭maj⁷   Dm/F   Gm   Dm/F
  Promise not to   stare too long.
                 (This is not America,)

   Gm/E   Am⁷
  For this is not the miracle.

Chorus 1

  B♭maj⁷   Gm   E♭maj⁷   Cm⁷
  There was a time a storm that blew so   pure,

Dm⁷
For this could be the biggest sky, and I could have the faintest idea

Gm/E   E♭maj⁷   Dm⁷
  For this is not America.

Gm   Dm/F   E♭maj⁷   Dm/F
Sha la la la la,   sha la la la la,   sha la la la la.

Verse 3

G♯m   D♯m/F♯   Emaj⁷

This is not America, no,

           D♯m/F♯   G♯m

This is not,   sha la la la la.

           D♯m/F♯   Emaj⁷

Snowman melting from the inside.

         D♯m/F♯   G♯m   D♯m/F♯

{ Falcon spirals to the _____ ground.

          (This   could be the biggest sky.)

Emaj⁷   D♯m/F♯

So bloody red tomorrow's clouds.

Verse 4

G♯m   D♯m/F♯

A little piece of you,

Emaj⁷   D♯m/F♯   G♯m   D♯m/F♯

{ The little piece in me will _____ die.

          (This   could be a miracle,)

     G♯m/F   A♯m⁷

For this is not America.

Chorus 2

Bmaj⁷   G♯m   Emaj⁷   C♯m⁷

There was a time a wind that blew so   young,

D♯m⁷

For this could be the biggest sky, and I could have the faintest idea,

G♯m/F   Emaj⁷   D♯m⁷

For this is not America.

G♯m   D♯m/F♯   Emaj⁷   D♯m/F♯

Sha la la la la,   sha la la la la,   sha la la la la.

Coda

| G♯m | D♯m/F♯ | Emaj⁷ | D♯m/F♯ |

G♯m   D♯m/F♯   Emaj⁷   D♯m/F♯

This is not America, no,   this is not,   sha la la la.

G♯m   D♯m/F♯   Emaj⁷   D♯m/F♯

This is not America, no,   this is not,

G♯m   D♯m/F♯   Emaj⁷   D♯m/F♯

This is not America, no,   this is not,   sha la la (la.)

| G♯m | D♯m/F♯ | Emaj⁷ | D♯m/F♯ |

la.

‖: G♯m | D♯m/F♯ | Emaj⁷ | D♯m/F♯   :‖   *Repeat to fade*

Thriller

Words & Music by
Rod Temperton

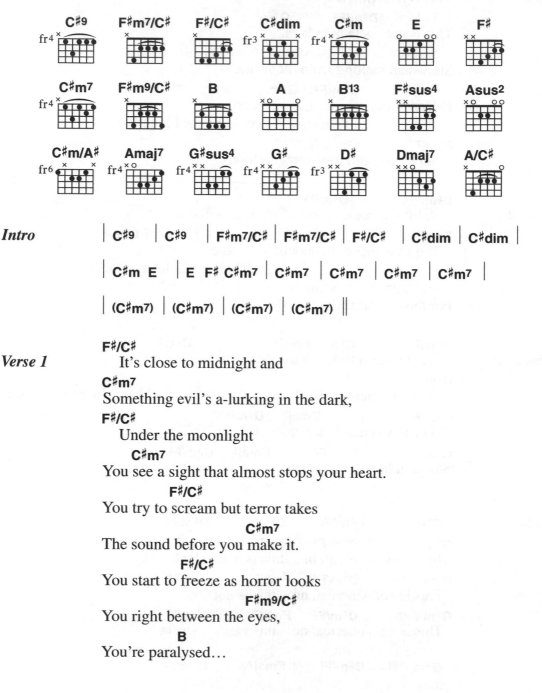

Intro

| C#9 | C#9 | F#m7/C# | F#m7/C# | F#/C# | C#dim | C#dim |

| C#m E | E F# C#m7 | C#m7 | C#m7 | C#m7 | C#m7 |

| (C#m7) | (C#m7) | (C#m7) | (C#m7) |

Verse 1

F#/C#
   It's close to midnight and
C#m7
Something evil's a-lurking in the dark,
F#/C#
   Under the moonlight
     C#m7
You see a sight that almost stops your heart.
     F#/C#
You try to scream but terror takes
      C#m7
The sound before you make it.
     F#/C#
You start to freeze as horror looks
        F#m9/C#
You right between the eyes,
     B
You're paralysed…

Chorus 1

          C#m7
'Cause this is thriller, thriller night,
     F#/C#
And no one's gonna save you
       F#m7/C#
From the beast about to strike.
         C#m7
You know it's thriller, thriller night,
     F#/C#
You're fighting for your life inside a
A N.C. F# N.C. B13
   Killer,   thriller to - (night, ⎯⎯⎯ yeah.)

Link 1

  | **C#m7** | **C#m7** | **C#m7** | **C#m7**   ‖
- night, ⎯⎯⎯ yeah.

Verse 2

F#/C#
  You hear the door slam
    C#m7
And realise there's nowhere left to run.
F#/C#
  You feel the cold hand
    C#m7
And wonder if you'll ever see the sun.
       F#/C#
You close your eyes
          C#m7
And hope that this is just imagination, girl,
      F#/C#
But all the while you hear
         F#m9/C#
The creature creeping up behind.
     B
You're out of time…

Chorus 2

       C#m7
'Cause this is thriller, thriller night,
    F#/C#
There ain't no second chance
     F#m7/C#
Against the thing with forty eyes, girl.
C#m7
Thriller, thriller night,
     F#/C#
You're fighting for your life inside a
A N.C. F# N.C. B13 C#m7
   Killer,   thriller to - night. ⎯⎯

Bridge 1

F#sus4   F#
 Night creatures call,

    F#sus4 F# E Asus2   B
And the dead start to walk in their masquerade.

C#m   C#m7   C#m/A#
There's no escaping the jaws of the alien this time

       Amaj7
(They're open wide),

         G#sus4 G#
This is the end of your life. _____

Verse 3

F#/C#
 They're out to get you,

    C#m7
There's demons closing in on every side.

F#/C#
 They will possess you

  C#m7
Unless you change that number on your dial.

     F#/C#   C#m7
Now is the time for you and I to cuddle close together.

      F#/C#   F#m9/C#
All through the night I'll save you from the terror on the screen,

     B
I'll make you see…

Chorus 3

     C#m7
That this is thriller, thriller night,

   F#/C#   F#m7/C#
'Cause I can thrill you more than any ghost would ever dare try.

C#m7
Thriller, thriller night,

  F#/C#
So let me hold you tight and share

  A N.C. F# N.C. B13 N.C. D#
A killer, diller,   chiller,

N.C. Dmaj7 B13
Thriller here tonight.

Chorus 4

     C#m7
That this is thriller, thriller night,

   F#/C#   F#m7/C#
Girl, I can thrill you more than any ghost would ever dare try.

C#m7
Thriller, thriller night,

  F#/C#   A F#
So let me hold you tight and share a killer thriller.

Link 2 | C#m7 | C#m7 | C#m7 | C#m7 ||

Coda
Spoken

   C#m   A/C#
    Darkness falls across the land,
F#sus4   F#
    The midnight hour is close at hand.
   C#m   A/C#
    Creatures crawl in search of blood
F#sus4   F#
    To terrorise y'awl's neighborhood.
   C#m   A/C#
    And whosoever shall be found
          F#sus4   F#
Without the soul for getting down
          C#m   A/C#
Must stand and face the hounds of hell
     F#sus4   F#
And rot inside a corpse's shell.

||: C#m7 | A/C# | F#sus4 | F# :||
   With vocal ad lib.
C#m A/C#   F#sus4
        The foulest stench is in the air,
  F#   C#m
The funk of forty thousand years,
        A/C#
And grizzly ghouls from every tomb
F#sus4   F#
    Are closing in to seal your doom.
C#m   A/C#
    And though you fight to stay alive
F#sus4   F#
    Your body starts to shiver,
   C#m   A/C#
For no mere mortal can resist
   F#sus4 F#   C#m
The evil of the thriller.

153

Thorn In My Side

Words & Music by
Annie Lennox & David Stewart

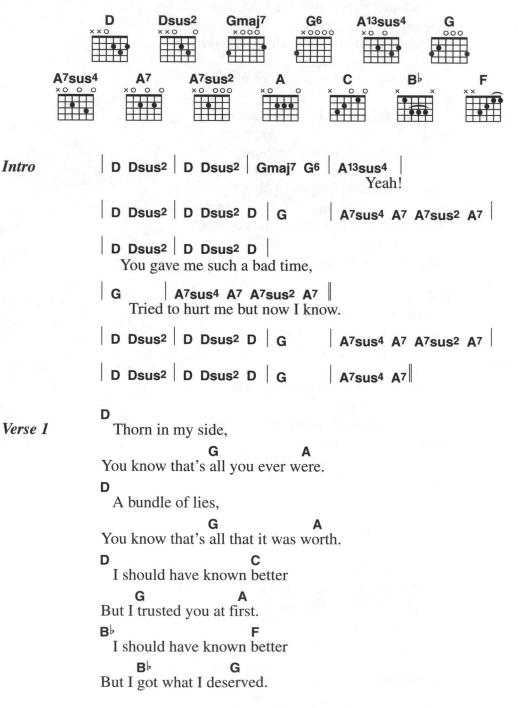

Intro

| D Dsus² | D Dsus² | Gmaj⁷ G⁶ | A¹³sus⁴ |
Yeah!

| D Dsus² | D Dsus² D | G | A⁷sus⁴ A⁷ A⁷sus² A⁷ |

| D Dsus² | D Dsus² D |
   You gave me such a bad time,

| G | A⁷sus⁴ A⁷ A⁷sus² A⁷ ‖
   Tried to hurt me but now I know.

| D Dsus² | D Dsus² D | G | A⁷sus⁴ A⁷ A⁷sus² A⁷ |

| D Dsus² | D Dsus² D | G | A⁷sus⁴ A⁷‖

Verse 1

   D
   Thorn in my side,
           G   **A**
You know that's all you ever were.
   D
   A bundle of lies,
           G   **A**
You know that's all that it was worth.
   D   **C**
   I should have known better
   G   **A**
But I trusted you at first.
B♭   **F**
   I should have known better
   B♭   **G**
But I got what I deserved.

Prechorus 1

G
A-whoa, a-whoa, a-whoa, a-whoa.

(A-whoa, a-whoa, a-whoa, a-whoa.)

A-whoa, a-whoa, a-whoa, a-whoa.

Chorus 1

C   F   C
  To run away from you

(So run, run, run, run.)
G   C
Was all that I could do.

(Run, run, run, run.)
  F   C
To run away from you

(So run, run, run, run.)
  G   C
Was all that I could do.

(Run, run, run, run.)
  F   C
To run away from you

(So run, run, run, run.)
  G   C
Was all that I could do.

(Run, run, run, run.)
  F   C
To run away from you

(So run, run, run, run.)
  A   D
Was all that I could do.

Link 1

| (D) Dsus2 | D Dsus2 D | G | A7sus4 A7 A7sus2 A7 |

| D Dsus2 | D Dsus2 D | G | A7sus4 A7 A7sus2 A7 ‖

Verse 2

D
Thorn in my side,

           G   A
You know that's all you'll ever be.

      D
So don't think you know better

              G   A
'Cause that's what you mean to me.

D   C
  I was feeling complicated,

G   A
  I was feeling low.

B♭   F
  Now everytime I think of you

  B♭   G
I shiver to the bone.

Prechorus 2   As prechorus 1

Chorus 2

C   F   C
  To run away from you

(Run, run, run, run.)

      G   C
Was all that I could do.

(Run, run, run, run.)

     F   C
To run away from you

(So run, run, run, run.)

Instrumental | A | B♭ | F | B♭ | F |

| B♭ | F | B♭ | G | G   ‖

Middle

    C   F C   G
‖: (Run, run, run, run.   Run, run, run, run.) :‖

        C   F C   G
‖: (So run, run, run, run.   Run, run, run, run.) :‖

Chorus 3

    C
(So run, run, run, run.)

     F   C
‖: To run away from you (Run, run, run, run.)

    G   C
Was all that I could do. (So run, run, run, run.) :‖ *Repeat to fade*

156

True

Words & Music by
Gary Kemp

Intro

| G | Em9 | Cmaj9 | Bm7 | |

G   Em9 | Cmaj9 | Bm7 |
Huh huh huh hu-uh huh.

G   Em9 | Cmaj9 | Bm7 |
Huh huh huh hu-uh huh.

| Am9 | Fmaj9 | Fmaj9 ||

Verse 1

G   Bm
So true, funny how it seems

C
Always in time,

    E♭   G
But never in line for dreams.

            Bm   C
Head over heels when toe to toe,

        Em9   Cmaj7
This is the sound of my soul,

            G G/F♯
This is the sound.

C   G
I bought a ticket to the world,

C   G
But now I've come back again.

C   C/B   G
Why do I find it hard to write the next line?

        C   C/B   Fmaj9
Oh, I want the truth to be said.

      G   **Em⁹**

Huh huh huh hu-uh huh,

Cmaj⁹   **Bm⁷**

I know this much is true.

G   **Em⁹**

Huh huh huh hu-uh huh,

Cmaj⁹   **Bm⁷**   **Am⁹** | **Fmaj⁹** ‖

I know this much is true.

Verse 2

    G   **Bm**

With a thrill in my head

           C

And a pill on my tongue,

         E♭   **G**

Dissolve the nerves that have just begun.

         Bm   **C**

Listening to Marvin (all night long),

        Em⁹   **Cmaj⁷**

This is the sound of my soul,

        G **G/F♯**

This is the sound.

C   **G**

Always slipping from my hands,

C   **G**

Sand's a time of its own.

C   **C/B**   **G**

Take your seaside arms and write the next line,

    C   **C/B**   **Fmaj⁹**

Oh, I want the truth to be known.

Chorus 2   As Chorus 1

Instrumental   ‖: **E♭** | **A♭6** | **E♭** | **A♭6** :‖ *Play 3 times*

                 | **E♭** | **A♭6** | **G** | **G**   ‖

Verse 3

```
          C         C/B           G
          I bought a ticket to the world
          C                          G  Am  G/B
          But now I've come back again.
          C         C/B           G
          Why do I find it hard to write the next line?
            C         C/B       Fmaj9
          Oh, I want the truth to be said.
```

Chorus 3

```
          G                 Em9
          Huh huh huh hu-uh huh,
            Cmaj9      Bm7
          I know this much is true.
          G                 Em9
          Huh huh huh hu-uh huh,
            Cmaj9      Bm7      Am9 |
          I know this much is true.

          | (Am9)  | Em9  Em | Am9      | Em9  Em |

              Am9              Fmaj9
          This much is true.
```

Outro

```
          G
          This much is true.
          Em9                 Cmaj9
          This much is true.
           Bm7
          I know, I know, I know this much is true.


          |: G
          |:  This much is true.
          Em9
          This much is true.

          | Cmaj9  | Bm7   :||   Repeat to fade w/ad lib vocals
```

Time After Time

Words & Music by
Cyndi Lauper & Robert Hyman

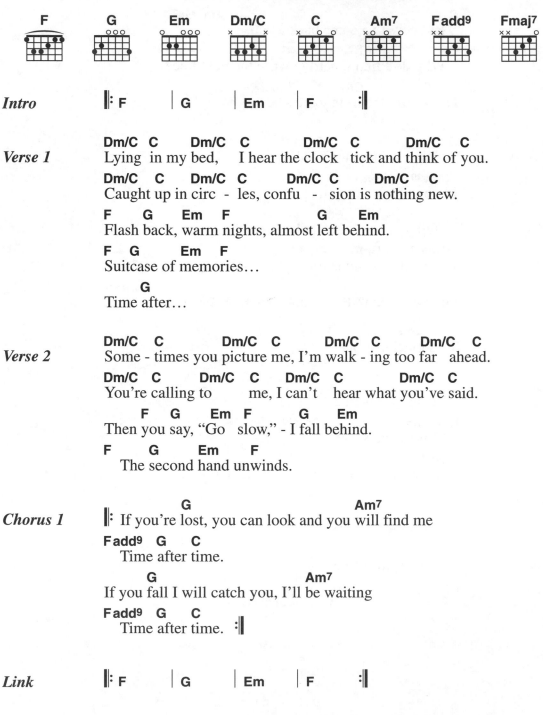

Intro

‖: F | G | Em | F :‖

Verse 1

Dm/C C   Dm/C C   Dm/C C   Dm/C C
Lying in my bed,   I hear the clock tick and think of you.

Dm/C C   Dm/C C   Dm/C C   Dm/C C
Caught up in circ - les, confu - sion is nothing new.

F   G   Em   F   G   Em
Flash back, warm nights, almost left behind.

F   G   Em   F
Suitcase of memories…

G
Time after…

Verse 2

Dm/C C   Dm/C C   Dm/C C   Dm/C C
Some - times you picture me, I'm walk - ing too far ahead.

Dm/C C   Dm/C C   Dm/C C   Dm/C C
You're calling to   me, I can't hear what you've said.

F   G   Em   F   G   Em
Then you say, "Go slow," - I fall behind.

F   G   Em   F
The second hand unwinds.

Chorus 1

G   Am7
‖: If you're lost, you can look and you will find me

Fadd9 G   C
Time after time.

G   Am7
If you fall I will catch you, I'll be waiting

Fadd9 G   C
Time after time. :‖

Link

‖: F | G | Em | F :‖

	Dm/C C Dm/C C Dm/C C Dm/C C
Verse 3	Af - ter my picture fades and dark - ness has turned to grey,

Dm/C C   Dm/C C   Dm/C C   Dm/C   C
Watch - ing through win - dows, you're wondering if I'm ok - ay.

F G Em F   G   Em
Secrets stol - en from deep inside,

F   G   Em   F
    The drum beats out of time.

Chorus 2   As Chorus 1 (no repeat)

Instrumental 𝄆 G | Am⁷ | Fadd⁹ G | C   𝄇

F G Em F   G   Em
Verse 4   You say, "Go   slow," - I fall behind.

F   G   Em   F
    The second hand unwinds.

Chorus 3   As Chorus 1 (with repeat)

     Fadd⁹ G   C
Coda   𝄆 Time after time. 𝄇 *Repeat to fade*

Turning Japanese

Words & Music by
David Fenton

Intro

| G* F* | D* F* | G* F* | D* F* |

‖: G | G | Em | Em :‖ Am/C | C D ‖

Verse 1

G   Em
I've got your picture of me and you:
G   Em
You wrote "I love you," I wrote "me too."
Am/C   C/E   D   G
I sit there staring and there's nothing else to do.
                     Em
Oh it's in colour, your hair is brown,
G   Em
Your eyes are hazel and soft as clouds.
Am/C   C/E   D
I often kiss you when there's no-one else a - (round.)

| G C Em D | C Em D | G C Em D | C Em |
- round.

| D | D | D | D ‖

Verse 2

               G
I've got your picture, I've got your picture,
          Em
I'd like a million of you all round my cell.
         G
I want the doctor to take your picture
        Em
So I can look at you from inside as well.

cont.

                 Am/C
You've got me turning up, I'm turning down,

       C/E   **D**
I'm turning in, I'm turning 'round.

Chorus 1

            G
‖: I'm turning Japanese, I think I'm turning Japanese,

    D
I really think so.

F
Turning Japanese, I think I'm turning Japanese,

        C
I really think so. :‖

Link 2 | G F♯ | F F♯ | G C Em D | C Em |

              | D | D | D | D   ‖

Verse 3   As Verse 2

Chorus 2   As Chorus 1 (with repeat)

Bridge

           G
No sex, no drugs, no wine, no women,

                            D
No fun, no sin, no you, no wonder it's dark.

F
Everyone around me is a total stranger,

                             C
Everyone avoids me like a cyclone ranger, everyone.

That's why…

Chorus 3   As Chorus 1 (with repeat)

Guitar solo ‖: G | G | D | D | F | F | C | C   :‖

Chorus 4   As Chorus 1 (with repeat)

Coda | G F♯ | F F♯ | G F♯ | F   ‖

Wake Me Up Before You Go Go

Words & Music by
George Michael

Chord diagrams: C7 C F/C Dm7 Em7

F G Em7♭5 (fr7) Dm7* (fr5) C6 F/G

Intro

C7	N.C.	C7	N.C.	C7	N.C.	C7	N.C.
(Jitterbug.)		(Jitterbug.)		(Jitterbug.)		(Jitterbug.)	

Verse 1

             C   F/C C
You put the boom-boom into my heart,

       Dm7   C
You send my soul sky-high when your loving starts.

                  F/C C
Jitterbug into my brain ____

       Dm7   C
Goes a bang-bang-bang 'til my feet do the same.

     Dm7   Em7
But something's bugging you, something ain't right;

       F   Em7
My best friend told me what you did last night.

Dm7   Em7
Left me sleeping in my bed

F   G
I was dreaming, but I should have been with you instead.

Chorus 1

   N.C.   C
Wake me up before you go-go,

          Dm7   C
Don't leave me hanging on like a yo-yo.

Wake me up before you go-go,

          Dm7   C
I don't want to miss it when you hit that high.

cont.   Wake me up before you go-go

                   Dm⁷   **C**
        'Cause I'm not planning on going solo.

        Wake me up before you go-go,
        Em⁷♭5   **Dm⁷***   **C⁷** | **C⁶** | **C**   ‖
        Take me dancing tonight.

        C⁷   **C⁶** **C**

Link 1   I wanna hit that high _____(yeah, yeah).

                   C   **F/C** **C**

Verse 2   You take the grey skies out of my way,
                 Dm⁷   **C**
        You make the sun shine brighter than Doris Day.
                                 F/C **C**
        You turned a bright spark into a flame;
         Dm⁷   **C**
        My beats per minute never been the same.
           Dm⁷   **Em⁷**
        'Cause you're my lady, I'm your fool;
          F   **Em⁷**
        It makes me crazy when you act so cruel.
        Dm⁷   **Em⁷**
        Come on, baby, let's not fight;
        F   **G**
        We'll go dancing, everything will be all right.

        N.C.   **C**

Chorus 2 Wake me up before you go-go,
                   Dm⁷   **C**
        Don't leave me hanging on like a yo-yo.

        Wake me up before you go-go,
                   Dm⁷   **C**
        I don't want to miss it when you hit that high.

        Wake me up before you go-go
                   Dm⁷   **C**
        'Cause I'm not planning on going solo.

        Wake me up before you go-go,
        Em⁷♭5   **Dm⁷***   **C⁷** | **C⁶** | **C**   ‖
        Take me dancing tonight.

Link 2

      C7   C6 C

I wanna hit that high _____(yeah, yeah).

Instrumental

| C | C | Dm7 | C | |

(Jitterbug.)

| C | C | Dm7 | C | |

(Jitterbug.)

Verse 3

Dm7   Em7

Cuddle up, baby, move in tight;

F   Em7

We'll go dancing tomorrow night.

    Dm7   Em7

It's cold out there, but it's warm in bed.

F   F/G   C | C | Dm7 | C | ‖

They can dance, we'll stay home instead. _____

Link 3

| C | C | Dm7 | Em7♭5 ‖

(Jitterbug.)

Chorus 3

     Dm7*   C

‖: Wake me up before you go-go,

               Dm7   C

Don't leave me hanging on like a yo-yo.

Wake me up before you go-go,

             Dm7   C

I don't want to miss it when you hit that high.

Wake me up before you go-go

            Dm7   C

'Cause I'm not planning on going solo.

Wake me up before you go-go,

Dm7   Em7♭5

Take me dancing tonight. :‖ *Repeat to fade*
                                              with vocal ad lib.

What I Am

Words & Music by
Edie Brickell, Kenneth Withrow, John Houser, John Bush & Brandon Aly

Bsus2 **Dsus2** **Asus2** **Em** **D**

Intro ‖: Bsus2 | Dsus2 | Asus2 | Bsus2 :‖

Verse 1
Bsus2   Dsus2
I'm not aware of too many things,
   Asus2   Bsus2
I know what I know if you know what I mean.

| Bsus2 | Dsus2 | Asus2 | Bsus2 |

Bsus2   Dsus2
I'm not aware of too many things,
   Asus2   Bsus2
I know what I know if you know what I mean.

| Bsus2 | Dsus2 | Asus2 | Bsus2 ‖

Verse 2
        Bsus2 Dsus2 Asus2   Bsus2
Philosophy   is the talk on a cereal box,
        Dsus2 Asus2   Bsus2
Religion   is the smile on a dog.
Bsus2   Dsus2
I'm not aware of too many things,
   Asus2   Bsus2
I know what I know if you know what I mean.

| Bsus2 | Dsus2 | Asus2 | Bsus2 ‖

Prechorus 1
Em   D
Choke me in the shallow water
   Em   D
Before I get too deep.

Chorus 1

Bsus²   Dsus²
What I am is what I am.

     Asus²   Bsus²
Are you what you are or what?

Bsus²   Dsus²
What I am is what I am.

     Asus²   Bsus²
Are you what you are or what?

Verse 3

Bsus²   Dsus²
I'm not aware of too many things,

   Asus²   Bsus²
I know what I know if you know what I mean.

| Bsus² | Dsus² | Asus² | Bsus² |

   Bsus² Dsus² Asus²   Bsus²
Philosophy   is a walk on the slippery rocks,

     Dsus² Asus²   Bsus²
Religion   is a   light in the fog.

Bsus²   Dsus²
I'm not aware of too many things,

   Asus²   Bsus²
I know what I know if you know what I mean.

| Bsus² | Dsus² | Asus² | Bsus² ‖

Prechorus 2

‖:   Em   D
Choke me in the shallow water

   Em   D
Before I get too deep. :‖

Chorus 2

Bsus²   Dsus²
What I am is what I am.

     Asus²   Bsus²
Are you what you are or what?

Bsus²   Dsus²
What I am is what I am.

     Asus²   Bsus²
Are you what you are or what?

Bsus²   Dsus²
What I am is what I am.

     Asus²   Bsus²
Are you what you are or what you are?

Bsus²   Dsus²
What I am is what I am.

     Asus²   Bsus²
Are you what you are or   what?

Middle

      Em   **D**
    Ha, la la la,

      Em
I say, I say, I say.

      D
I do, hey, hey, hey, hey hey.

Gtr Solo

$\lVert$: **Bsus²** | **Dsus²** | **Asus²** | **Bsus²** :$\rVert$ *Play 8 times*

Prechorus 3   As Prechorus 2

Verse 4

Bsus²   **Dsus²**
Choke me in the shallow water

    Asus²   **Bsus²**
Before I get too deep.

Bsus²   **Dsus²**
Choke me in the shallow water

    Asus²   **Bsus²**
Before I get too deep.

Bsus²   **Dsus²**
Choke me in the shallow water

    Asus²   **Bsus²** **Dsus²** **Asus²**
Before I get too   deep.

Bsus²
   Don't let me get too deep.

Dsus²   **Asus²**
   Don't let me get too deep.

Bsus²
   Don't let me get too deep.

    Dsus²   **Asus²** **Bsus²**
Don't let me get too deep.

Chorus 3

$\lVert$: As Chorus 2 :$\rVert$ *Repeat to fade*

The Winner Takes It All

Words & Music by
Benny Andersson & Björn Ulvaeus

F   A7/C♯   Dm   D7/F♯   Gm   C   C/E   Gm/D

fr2

Capo first fret

Intro

‖: F | F A7/C♯ | Dm | Dm D7/F♯ |

| Gm | Gm | C | C :‖

Verse 1

 C   F
I don't wanna talk
                   C/E
About the things we've gone through,
                      Gm/D
Though it's hurting me,
                 C
Now it's history.
                 F
I've played all _ my cards
                     C/E
And that's what you've done too.
                   Gm/D
Nothing more to say,
              C
No more ace to _ play.

Chorus 1

                        F
The winner takes it all,
       A7/C♯   Dm
The loser standing   small
   D7/F♯   Gm
Beside the victory,
              C
That's her destiny.

Verse 2

          F   **C/E**
I was in your arms thinking I _ belonged there,

          Gm/D   **C**
I figured it made sense, building me a fence.

             F   **C/E**
Building me a home, thinking I'd be strong there,

          Gm/D   **C**
But I was a fool, playing by the rules.

Link 1

                   F
The Gods may throw a dice,

    A7/C♯   **Dm**
Their minds as cold as ice,

    D7/F♯   **Gm**
And someone way down here

            C
Loses someone dear.

Chorus 2

                F
The winner takes it all,

    A7/C♯   **Dm**
The loser has to fall,

    D7/F♯   **Gm**
It's simple and it's plain,

            C
Why should I complain?

Verse 3

             F   **C/E**
But tell me   does she kiss like I used to kiss you?

          Gm/D   **C**
Does it feel the same when she calls your name?

             F   **C/E**
Somewhere deep inside, you must know I _ miss you,

          Gm/D   **C**
But what can I say? Rules must be obeyed.

Link 2

               F
The judges will decide,

    A7/C♯   **Dm**
The likes of me abide,

    D7/F♯   **Gm**
Spectators of the show

            C
Always staying low.

Chorus 3   **F**
The game is on again,
  A7/C♯   **Dm**
A lover or a   friend,
  D7/F♯   **Gm**
A big thing or a small,
                 C
The winner takes it all.

Verse 4   **F**
I don't wanna talk
       C/E
If it makes you feel sad.
      Gm/D
And I understand
              C
You've come to shake my hand.
    F
I apologise
       C/E
If it makes you feel bad
      Gm/D
Seeing me so tense,
     C
No self-confidence.

Outro   But you see
            F   **A7/C♯** **Dm**
The winner takes it all, _____
  D7/F♯   **Gm**   **C**
The winner takes it all. _____

```
‖: F       | F  A7/C♯ | Dm        | Dm  D7/F♯ |
| Gm        | Gm       | C         | C        :‖  Repeat to fade
```

172

Wonderful Life

Words & Music by
Colin Vearncombe

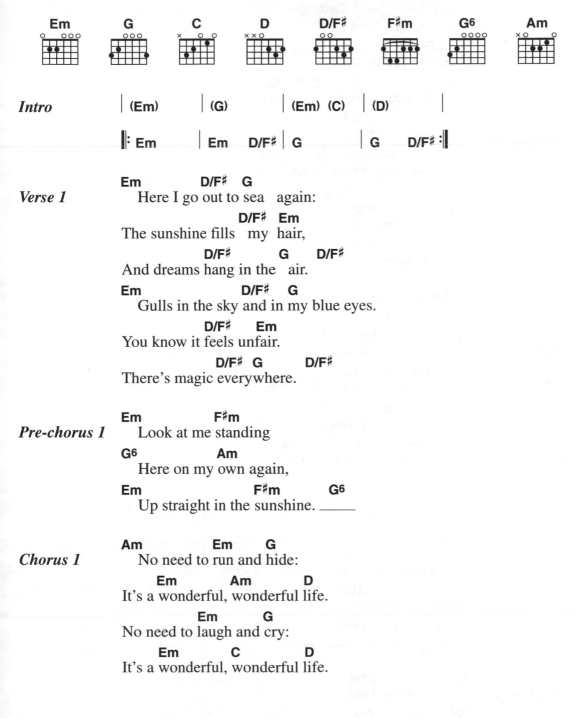

Intro

| (Em) | (G) | (Em) (C) | (D) | |

‖: Em | Em   D/F♯ | G | G   D/F♯ :‖

Verse 1

Em   D/F♯ G
  Here I go out to sea   again:
               D/F♯   Em
The sunshine fills   my hair,
             D/F♯   G   D/F♯
And dreams hang in the   air.
Em   D/F♯ G
  Gulls in the sky and in my blue eyes.
           D/F♯   Em
You know it feels unfair.
            D/F♯ G   D/F♯
There's magic everywhere.

Pre-chorus 1

Em   F♯m
  Look at me standing
G6   Am
  Here on my own again,
Em   F♯m   G6
  Up straight in the sunshine. _____

Chorus 1

Am   Em   G
  No need to run and hide:
    Em   Am   D
It's a wonderful, wonderful life.
          Em   G
No need to laugh and cry:
    Em   C   D
It's a wonderful, wonderful life.

Verse 2

Em   D/F♯   G
   Sun's in your eyes,   the heat is in your hair.

                 D/F♯   Em
They seem to hate you ____

  D/F♯   G   D/F♯
Because you're there.

Em   D/F♯ G
  And I need a friend, oh, I need a friend

                 D/F♯   Em
To make me happy,

        D/F♯   G   D/F♯
Not stand here on my   own.

Pre-chorus 2

Em   F♯m
  Look at me standing

G6   Am
  Here on my own again,

Em   F♯m   G6
  Up straight in the sunshine. _____

Chorus 2

Am   Em   G
  No need to run and hide:

      Em   Am   D
It's a wonderful, wonderful life.

         Em   G
No need to laugh and cry:

      Em   C   D
It's a wonderful, wonderful life.

Sax solo

‖: Em | Em   D/F♯ | G | G   D/F♯ :‖

Verse 3

Em   D/F♯ G
  I need a friend, oh, I need a friend

                D/F♯   Em
To make me happy,

   D/F♯   G   D/F♯
Not so a - lone. _____

Pre-chorus 3

Em   F♯m
  Look at me here,

G6   Am
  Here on my own again,

Em   F♯m   G6
  Up straight in the sunshine. _____

Chorus 3

   Am   **Em**   **G**
  No need to run and hide:
    Em   **Am**   **D**
It's a wonderful, wonderful life.
         Em   **G**
No need to laugh and cry:
    Em   **C**   **D**
It's a wonderful, wonderful life.

Chorus 4

        Em   **G**
No need to run and hide:
    Em   **Am**   **D**
It's a wonderful, wonderful life.
    Em **G**
No need to run and hide:
    Em   **Am**   **D**
It's a wonderful, wonderful life.

Coda

Em   **D**   **Em**
  Wonderful life,
        D   **Em**
It's a wonderful life.

| **Em** | **D** | **Em** | | **Em** | **D** | **Em** | ‖ |

175

Woman

Words & Music by
John Lennon

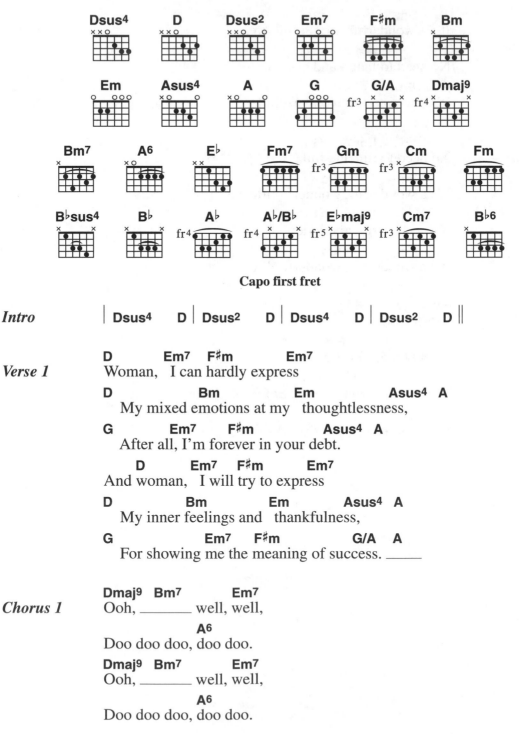

Capo first fret

Intro　| Dsus4　D | Dsus2　D | Dsus4　D | Dsus2　D ||

Verse 1

D　　　Em7　F#m　　　Em7
Woman,　I can hardly express

D　　　　　　Bm　　　　Em　　　　　Asus4　A
　My mixed emotions at my　thoughtlessness,

G　　　Em7　F#m　　　　Asus4　A
　After all, I'm forever in your debt.

　　　D　　　Em7　F#m　　　Em7
And woman,　I will try to express

D　　　　　　Bm　　　　Em　　　　　Asus4　A
　My inner feelings and　thankfulness,

G　　　　　Em7　F#m　　　　　G/A　A
　For showing me the meaning of success. _____

Chorus 1

Dmaj9　Bm7　　　Em7
Ooh, _____ well, well,

　　　　　　A6
Doo doo doo, doo doo.

Dmaj9　Bm7　　　Em7
Ooh, _____ well, well,

　　　　　　A6
Doo doo doo, doo doo.

Verse 2

D   **Em⁷**   **F♯m**   **Em⁷**
Woman,   I know you understand

D   **Bm**   **Em**   **Asus⁴ A**
  The little child inside the man,

G   **Em⁷**   **F♯m**   **Asus⁴ A**
  Please remember, my life is in your hands,

      D   **Em⁷**   **F♯m**   **Em⁷**
And woman,   hold me close to your heart,

D   **Bm**   **Em**   **Asus⁴ A**
  However distant, don't keep us apart,

G   **Em⁷**   **F♯m**   **G/A**   **A**
  After all, it is written in the stars. _____

Chorus 2

Dmaj⁹ Bm⁷   **Em⁷**
Ooh, _____ well, well,

           A⁶
Doo doo doo, doo doo.

Dmaj⁹ Bm⁷   **Em⁷**
Ooh, _____ well, well,

           A⁶
Doo doo doo, doo doo.

Verse 3

E♭   **Fm⁷**   **Gm**   **Fm⁷**
Woman,   please let me explain,

E♭   **Cm**   **Fm**   **B♭sus⁴ B♭**
  I never meant to cause you sorrow or pain,

A♭   **Fm⁷**   **Gm**   **A♭/B♭**   **B♭**
  So let me tell you again and again and again. _____

Chorus 3

    E♭maj⁹ Cm⁷   **Fm⁷**   **B♭⁶**
‖: I love   you, yeah, yeah, now and forever,

E♭maj⁹ Cm⁷   **Fm⁷**   **B♭⁶**
I love   you, yeah, yeah, now and forever. :‖   *Repeat to fade*

Wrapped Around Your Finger

Words & Music by
Sting

Am   Em7   G   F   C/E   Dm

Intro
‖: Am │ Am Em7 │ Am │ Am G :‖ *Play 4 times*

Verse 1

Am   Em7 Am G
You consider me the young apprentice

Am   Em7 Am G
Caught between the Scylla and Charibdis,

Am   Em7 Am G
Hypnotized by you if I should linger,

Am   Em7   Am G
Staring at the ring around your finger.

Verse 2

Am   Em7 Am   G
I have only come here seeking knowledge,

Am   Em7 Am G
Things they would not teach me of in college.

Am   Em7 Am G
I can see the destiny you sold

Am   Em7 Am
Turned into a shining band of gold.

Chorus 1

G   F
I'll be wrapped around your finger,

G   F C/E Dm
I'll be wrapped around your finger.

Link 1
‖: Am │ Am Em7 │ Am │ Am G :‖

Verse 3

Am   Em7   Am   G
Mephistopheles is not your   name

       Am   Em7   Am   G
But I know what you're up to just the same.

Am   Em7   Am   G
I will listen hard to your tuition

Am   Em7   Am
You will see it come to its fruition.

Chorus 2

G   F
I'll be wrapped around your finger,

G   F   C/E   Dm
I'll be wrapped around your finger.

Link 2

‖: Am | Am Em7 | Am | Am G :‖

Verse 4

Am   Em7   F   G
Devil and the deep blue sea behind me,

Dm   Em7   F   G
Vanish in the air you'll never find me.

Am   Em7   F   G
I will turn your face to alabaster ____

Dm   Em7   F
When you find your servant is your master.

Chorus 3

       G   F
Oh, you'll be wrapped around my finger,

G   F
You'll be wrapped around my finger,

G   F   C/E   Dm
You'll be wrapped around my finger.

Coda

‖: Am | Am Em7 | Am | Am G :‖ *Repeat to fade*

You Give Love A Bad Name

Words & Music by
Jon Bon Jovi, Richie Sambora & Desmond Child

C5 **A♭5** **B♭5** **E♭5** **Cm** **F5** **G5** **B♭/C** **G**

N.C.
Shot through the heart and you're to blame,
N.C.
Darlin' you give love a bad name.

Instrumental | C5 A♭5 | B♭5 C5 | A♭5 B♭5 | E♭5 C5 | C5 A♭5 | B♭5 C5 |
| A♭5 B♭5 | B♭5 | **Cm(riff)**

Verse 1

       Cm
The angel's smile is what you sell,

You promise me heaven then put me through hell.

The chains of love got a hold on me,

When passion's a prison, you can't break free.
F5   **Cm**
Oh, you're a loaded gun, yeah,
B♭5
Oh, there's nowhere to run,
F5   **G5**
No one can save me, the damage is done.

Chorus 1

C5   **A♭5**   **B♭5**   **C5**
Shot through the heart and you're to blame,
A♭5   **B♭5** **E♭5 C5**
You give love a bad name (bad name).
   C5   **A♭5**   **B♭5**   **C5**
I play my part and you play your game,
A♭5   **B♭5** **E♭5 C5**
You give love a bad name (bad name),
     A♭5   **B♭5**   **Cm B♭/C Cm**
Yeah, you give love a bad name.

Verse 2

Cm
Paint your smile on your lips,

Blood red nails on your fingertips.

A schoolboy's dream, you act so shy,

Your very first kiss was your first kiss goodbye.

F5   **Cm**
Oh, you're a loaded gun,

B♭5
Oh, there's nowhere to run,

F5   **G**
No one can save me, the damage is done.

Chorus 2

C5   **A♭5**   **B♭5**   **C5**
Shot through the heart and you're to blame,

A♭5   **B♭5**   **E♭5 C5**
You give love a bad name (bad name).

C5   **A♭5**   **B♭5**   **C5**
I play my part and you play your game,

A♭5   **B♭5**   **E♭5 C5**
You give love a bad name (bad name),

A♭5   **B♭5**
Yeah, you give love.

Play 3 times

Guitar solo ‖: **C5 A♭5** | **B♭5 C5** :‖ **C5 A♭5** | **G** | **G** |

Chorus 3

C5   **A♭5**   **B♭5**   **C5**
Shot through the heart and you're to blame,

A♭5   **B♭5**   **C5**
You give love a bad name (bad name).

C5   **A♭5**   **B♭5**   **C5**
I play my part and you play your game,
A♭5   **B♭5**   **E♭5 C5**
You give love a bad name (bad name).

Chorus 4   As Chorus 3

A♭5   **B♭5 E♭5**
You give love, oh, oh, oh,

A♭5   **B♭5 E♭5 C5**
You give love a bad name.

Repeat to fade

You Can Call Me Al

Words & Music by
Paul Simon

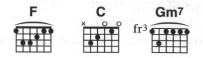

F   C   Gm7

Intro   ‖: F C | Gm7 C | F C | Gm7 C :‖

Verse 1

F
   A man walks down the street,
      Gm7   C
He says, "Why am I soft in the middle now,
F
   Why am I soft in the middle?
      Gm7   C   F
The   rest of my life is so hard.
                                  Gm7   C
I need a photo-opportunity,   I want a shot at redemption;
F   Gm7   C
   Don't want to end up a cartoon, in a cartoon graveyard:
F
Bonedigger, bonedigger.
Gm7   C   F   Gm7   C
Dogs in the moonlight,   far away my well-lit door.
         F   Gm7   C
Mister Beerbelly, Beerbelly get these mutts away from me,
F   Gm7   C
   I don't find this stuff amusing anymore."

Chorus 1

F   C
If you'll be my bodyguard
Gm7   C   F   C Gm7 C
I can be your long lost pal.
F   C
I can call you Betty
     Gm7   C
And Betty when you call me
               F   C Gm7 C
You can call me Al.

Verse 2

     F
A man walks down the street,

        Gm7   C
He says, "Why am I short of attention?

       F   Gm7   C   F
Got a   short little span of attention and   oh my nights are so long.

Where's my wife and family?

Gm7   C   F
   What if I die here? Who'll be my role-model

Gm7   C   F
   Now that my role-model is gone, gone."

      Gm7   C
He ducked back down the alley

            F   Gm7   C
With some   roly-poly little bat-faced girl.

         F   Gm7   C
All along, along there were incidents and accidents,

          F   Gm7 C
There were   hints and allegations.

Chorus 2

     F   C
If you'll be my bodyguard

Gm7   C   F   C Gm7 C
I can be your long lost pal.

F   C
I can call you Betty

     Gm7   C
And Betty when you call me

         F   C Gm7 C   F
You can call me Al,   call me Al.

Instrumental ‖: F | Gm7 C | F | Gm7   C :‖ *Play 4 times*

                   ‖: F C | Gm7 C | F C | Gm7 C :‖

Verse 3

     F   Gm7   C
   A man walks down the street: It's a street in a strange world.

     F   Gm7   C   F
   Maybe it's the Third World,   maybe it's his first time around,

                                    Gm7   C
Doesn't speak the language, he holds no currency,

     F
   He is a foreign man.

       Gm⁷   C   F

He is surrounded by the sound, the sound

     Gm⁷   C

Of   cattle in the marketplace,

F   Gm⁷

Scatterlings and orphanages.

C   F

He looks around, around,

       Gm⁷   C

He sees angels in the architecture

F

Spinning in infinity,

       Gm⁷   C

He says, "Amen! and Halleluiah!"

Chorus 3

F   C

If you'll be my bodyguard

Gm⁷   C   F   C Gm⁷ C

I can be your long lost pal.

F   C

I can call you Betty

     Gm⁷   C

And Betty when you call me

        F   C   Gm⁷ C

You can call me Al.

Coda

‖:   F   Gm⁷ C

    Na na na na,   na na na na,

F   Gm⁷   C

  Na na na na, na na, na na na na. :‖

F   Gm⁷ C F   Gm⁷ C

Hm, hm,   hm, hm,

F   Gm⁷ C F

Hm, hm,   hm, hm.

 N.C.

| Bass break |

‖: F   C | Gm⁷ C | F   C | Gm⁷   C :‖

‖: F   C

If you'll be my bodyguard

| Gm⁷ C | F C | Gm⁷ C |

F   C

I can call you Betty.

| Gm⁷ C | F C | Gm⁷ C :‖ *Repeat to fade*

You Shook Me All Night Long

Words & Music by
Angus Young, Malcolm Young & Brian Johnson

G5/D   D   G5   C

G5*   Dsus4   Csus2   G/B   Dsus4/A

Intro

‖: G5/D | G5/D | D | D :‖

| G5   C | C G5* C G5* D | D   G5 | G5 D G5 D |

| G5   C | C G5* C G5* D | D   G5 |

Verse 1

G5 D G5   D   G5   C   G5* C
         She was a fast machine, she kept her motor clean,

      G5 D   G5   D   G5
She was the best damn woman that I've ever seen.

      D   G5   C   G5* C G5* D
She had the sightless eyes, tellin' me no   lies,

                             G5   D   G5
Knockin' me out with those American thighs.

D   G5   C   G5* C G5*
Takin' more than her share, had me fightin' for air,

D   G5   D G5
She told me to come but I was already there.

Pre-chorus 1

D   G5
'Cause the walls start shakin',

C   G5 C
The earth was quakin',

G5 D
My mind was achin'

Dsus4   D   Dsus4 D
And we were makin'   it.

Chorus 1

(D) G5　　　　　**Csus2 G/B D**　**Csus2**
And you shook me all　　night long,

G/B　　**G5**　　　　**Csus2 G/B D**　**Csus2**
　Yeah, you shook me all　　night long.

Verse 2

G/B　　　**G5**　　　　　　　**C**　**G5***　**C**
　Workin' double time on the seduction　line,

G5* D　　　　　　　　　　**G5**　　**D**　**G5**
She was one of a kind, she's just mine, all mine.

D　**G5**　　　　　**C**　**G5 C G5**
Wanted no applause, just another cause,

　　　D　　　　　**G5**　　　　**D**　**G5**
Made a meal outta me and came back for more.

D　　**G5**　　　　　　　**C**　**G5***　**C**
Had to cool me down to take another round,

G5*　**D**　　　　　　　　**G5**　**D**　**G5**
Now I'm back in the ring to take another swing.

Pre-chorus 2

D　　　　**G5**
'Cause the walls were shakin',

C　　　**G5***　**C**
The earth was　quakin',

G5　**D**
My mind was achin'

Dsus4　　　**D**　**Dsus4 D**
And we were makin' it.

Chorus 2

(D) G5　　　　　**Csus2 G/B D**　**Csus2**
And you shook me all　　night long,

G/B　　**G5**　　　　**Csus2 G/B D**
　Yeah, you shook me all　　night long,

Csus2　　　　　**G/B**
And knocked me out, babe.

Chorus 3

G5　　　　**Csus2 G/B D**
You shook me all　　night long,

Csus2　　　**G/B**
　You had me shakin', baby,

G5　　　　**Csus2 G/B D**
You shook me all　　night long,

G5/D　　　　　**D**
　You shook me,

Dsus4/A
　Well, you took me.

Guitar solo　| G⁵　Csus² | Csus² G/B G⁵ | G⁵　Csus² | Csus² G/B G⁵ |

‖: G⁵　Csus² | Csus² G/B D | D　Csus² | Csus² G/B :‖

| G⁵　Csus² | Csus² G/B D |

| D　Csus² | Csus²　G/B　‖

You really took me in.

Chorus 4

G⁵　　　　Csus² G/B D　Csus²
You shook me all　　night long,

G/B　　G⁵　　　　　Csus² G/B D　Csus²
　Yeah, you shook me all　　night long.

Chorus 5

G/B　　　　　　G⁵　　　　Csus² G/B　　　D
　Yeah, yeah, you shook me all _____ night long,

Csus²　　G/B
　You really got me in.

G⁵　　　　Csus² G/B D　Csus²
You shook me all　　night long,

　　　　　G/B　　D
Yeah, you shook me,

Csus²　　G/B　　D
　Yeah, you shook me ALL NIGHT LONG.

HA! HA!

Young Parisians

Words & Music by
Adam Ant

A♭*   A   D♭*   D   F   E   G

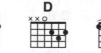

Intro ‖: A♭* A A♭* A A♭* A | D♭* D | D A | D A D :‖

Verse 1

A♭* A   A♭* A A♭* A D♭* D
    Young Pa - ri - si - ans are ___ so French,
      A   D   A D
They love Patti Smith.

A♭* A   A♭* A A♭* A D♭* D
    Young Pa - ri - si - ans are ___ so French
      A D   A D
At the Champs Elysee.

Chorus 1

F   E
I want to go to Paris with you
   A   G
Just to see what the French boys do.
   F   E
Why don't you come to Paris with me
N.C.
And see the young Paris(- ians?)

Link 1 | A♭* A A♭* A A♭* A | D♭* D | D A | D A D ‖

- ians?

Verse 2

A♭* A   A♭* A A♭* A D♭* D
    Young Pa - ri - si - ans are ___ so French,
      A   D A D
They sit on the Metro.

A♭* A   A♭* A A♭* A D♭* D
    Young Pa - ri - si - ans are ___ so French,
      A   D   A D
Not like me and you.

Chorus 2

    F   E
I want to go to Paris with you
        A   G
Just to see what the French boys do.
        F   E
Why don't you come to Paris with me
N.C.
And see the young Paris(- ians?)

Link 2

| A♭* A A♭* A A♭* A | D♭* D | D A | D A D ‖

- ians?   Alors   et   mainte - nent.

Sax solo

‖: A♭* A A♭* A A♭* A | D♭* D | D A | D A D :‖

Chorus 3

     F   E
I want to go to Paris with you
         A   G
Just to see what the French boys do to you.
       F   E
Why don't you come to Paris with me
N.C.
And see the young Paris(- ians?)

Link 3

| A♭* A A♭* A A♭* A | D♭* D | D A | D A D ‖

- ians?

Verse 3

A♭* A   A♭* A A♭* A D♭* D
     Young Pa - ri - si - ans are ＿ so French,
            A   D   A D
They're always called Dubois.
A♭* A   A♭* A A♭* A D♭* D
     Young Pa - ri - si - ans are ＿ so French,
        A   D   A D
Talk nothing but French.

Chorus 4   As Chorus 1

Link 4   As Link 1

Coda

D   A   D   A
    They're so French, they're so French,
D   A   D A D
    They're so French,   ah - ooh.

You're The Best Thing

Words & Music by
Paul Weller

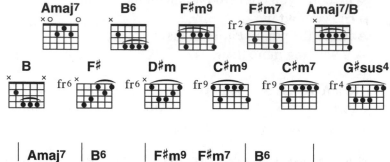

Intro

| **Amaj7** | **B6** | **F#m9** **F#m7** | **B6** | |

| **Amaj7** | **B6** | **F#m9** **F#m7** | **Amaj7/B** |

| **B** | ‖

Verse 1

Amaj7
I could be discontent

B6
And chase the rainbows end,

F#m9   **F#m7**
I might win much more

   B6
But lose all that is mine.

Amaj7
I could be a lot

B6
But I know I'm not,

F#m9   **F#m7**
I'm content just with

   Amaj7/B   **B**
The riches that you bring.

Verse 2

Amaj7
  I might shoot to win

B6
  And commit the sin

F#m9   **F#m7**
  Of wanting more than

B6
I've already got.

Amaj7
  I could runaway

B6
  But I'd rather stay

F#m9   **F#m7**
  In the warmth of your smile,

Amaj7/B
Lighting up my day,

      B
The one that makes me say.

Chorus 1

F#   **D#m**
  'Cause you're the best thing that ever happened

F#   **D#m**
  To me or my world.

F#   **D#m**
  You're the best thing that ever happened

   C#m9 **C#m7** **F#**
So don't go   away.

Instrumental | **Amaj7** | **B6** | **F#m9** **F#m7** | **B6** |

                     | **Amaj7** | **B6** | **F#m9** **F#m7** | **Amaj7/B** |

                     | **B**   ‖

Verse 3

Amaj7
I might be a king

B6
And steal my people's things

F#m9　　　　　　**F#m7** **F#m9** **B6**
But I don't go for　　that　power crazy way.

Amaj7
All that I could rule

B6
But I don't check for fools,

F#m9　　　　　　　　　**Amaj7/B**
All that I need is to be left to live my way,

B
Listen what I say.

Chorus 2　　As Chorus 1

Verse 4

　　　　　　Amaj7
But the soul of me,

　　　　　　　B6
Baby, you're the best for me.

　　　　　　F#m9　　　　　**F#m7** **F#m9**
You're gonna rock my dreams

　　　　　　B6
But take these chains from me.

　　　　Amaj7
Oh, the soul of me

　　　　　　B6
Baby, you're the best for me,

　　　　　　F#m9　　　　　**F#m7** **F#m9**
You're gonna rock my dreams

　　　　　　Amaj7/B　　　**B**
But take these chains from me.

Link　　| **Amaj7** | **B6**　　| **F#m9** **F#m7** | **G#sus4** ‖

Chorus 3　　As Chorus 1

Chorus 4

F#　　　　　　　　　　　　　　　**D#m**
'Cause you're the best thing that ever happened

F#　　　　　**D#m**
To me or my world.

F#　　　　　　　　　　　　**D#m**
You're the best thing that ever happened

　　C#m9 **C#m7** **C#m9** **C#m7** **C#m9**　**C#m7** **F#**
So don't go,　don't go,　don't you go away, yeah.